Die Sache mit ...

Für meinen Opa Hubert

Junis Caruso

Die Sache mit ...

Philosophie neu gedacht

Bibliografische Information der Deutschen Nationalbibliothek:
Die Deutsche Nationalbibliothek verzeichnet diese Publikation in der
Deutschen Nationalbibliografie; detaillierte bibliografische Daten sind
im Internet über http://dnb.dnb.de abrufbar.

© 2021 Junis Caruso

Satz, Herstellung und Verlag: BoD – Books on Demand, Norderstedt
ISBN: 978-3-7526-8524-4

Inhalt

»Meinst du, du könntest den Sonnenschein von der grünen Farbe der Blätter trennen? Ebenso wenig kannst du das beobachtende Selbst trennen von dem beobachteten Selbst.«

– Thich Nhat Hanh

Vorwort

Die Sache mit … begann als etwas ganz Kleines. Nichts weiter als ein unzusammenhängendes Gewirr aus Gedanken, das in meinem Kopf ein Zuhause fand. Anfangs so unscheinbar und schwach, dass es im Schatten meiner Gewohnheiten nur selten den Weg vom Unterbewusstsein bis in meinen Verstand fand.

Lange Zeit blieb es dort und wartete geduldig darauf, eine eigene Stimme zu bekommen. Die Sache wurde größer, genährt durch philosophische Texte, Bücher und Lebenserfahrungen. Immer mehr Gedanken und schlussendlich auch Gefühle, vernetzten sich strukturlos miteinander. Es wuchs und breitete sich in mir aus wie ein Parasit. Es begann Autorität über mein Denken einzufordern. Es eroberte meinen Verstand. Es wurde sich selbst bewusst.

Immer noch chaotisch und ungeordnet, doch mit der festen Absicht sich in der Welt zu manifestieren, machte es sich schlussendlich auch meinen Körper gefügig. Der Wunsch sich selbst zu verstehen und das eigene Chaos zu ordnen, führte zu mehr und mehr Selbstreflexion. Im Laufe des letzten Jahrzehnts strukturierte es sich, fand Konstanten und Querverbindungen in sich selbst, bis ein System daraus hervorging, das nun seinen Wirt verlassen will. Eine Philosophie, die reifte und nun den dringenden Wunsch verspürt, sich zu offenbaren.

Die Sache mit … ist ihr erster Schritt, hinaus aus der Sicherheit der eigenen Kinderstube, hinein in die Welt. Sie will an den Gedanken anderer wachsen und ihre sichere Komfortzone im Oberstübchen verlassen. Anfang 2019 begann ich damit meine Ideen für dieses Buch in Worte zu fassen. Es gab Monate, in denen das Manuskript unberührt blieb, doch das Gedankenkonstrukt in meinem Kopf lies mich nicht los. Es wollte aus mir hinaus und endlich auf dem Papier zur Ruhe kommen. Ich konnte nicht mehr aufhören zu schreiben, das Buch ließ mich nicht. Erst als es mit dem Ergebnis zufrieden war, erlaubte es mir, die Sache zu beenden.

Manche Bücher werden geschrieben, andere lassen sich schreiben.

Anmerkung des Autos

Bei der finalen Überarbeitung des Manuskripts habe ich lange überlegt, ob und wie ich den Text gendern werde. Aus Respekt vor Personen jeglichen Geschlechts und um die Wichtigkeit von gleichberechtigten Geschlechteridentitäten zu unterstreichen, will ich mit diesem Absatz darauf hinweisen, dass ich mich lediglich aus Gründen der Lesbarkeit dazu entschlossen habe, primär die männliche Anrede für die sprachliche Gestaltung meines Manuskripts zu verwenden. Ich bitte um Verständnis und entschuldige mich bei jeder Leserin und jedem Leser, der diese Herangehensweise zu Recht kritisiert. Ich hoffe, dass du trotzdem Freude an der Gestaltung und allen voran am Inhalt dieses Buchs haben wirst!

Einleitung
Die Sache mit den Büchern ...

Wie sähe die Welt aus ohne Shakespeare und Goethe, ohne *Hamlet* und *Faust*? Wie hätte sich unser Leben entfaltet ohne *Die Entstehung der Arten*? Hätte die Geschichte durch das Fehlen von *Mein Kampf* einen anderen Verlauf genommen? Flüche und Heilzauber. Todesser und Auroren. In jedem Schriftsteller steckt ein bisschen von beidem. Nicht Harry Potter, sondern Joanne K. Rowling, hat Magie in unsere Welt gebracht. Nicht Sauron oder Frodo gebieten über den einen Ring. Nur Tolkien konnte dessen Macht beherrschen und sie nutzen, um Mittelerde zu unterwerfen.

Jeder wurde schon einmal zum Opfer solcher Magie. Zum Gastgeber einer Idee, bereitwillig versklavt in ihrem Auftrag Welten zu erschaffen. Egal ob für ein Publikum oder für dich selbst. Sobald du schreibst hast du Anteil an dieser Macht. Ein Buch ist ein Zauberspruch. Jeder Text mit seiner eigenen Identität. Er bleibt sich selbst treu und ist dennoch wandelbar in dem was er sagt. Einmal in die Welt gekommen, überlebt er seinen Schöpfer. Die Zeit altert um ihn herum, entdeckt ihn, vergisst ihn doch sein Zauber erlischt nie. Legen sich Augen auf die Seiten, findet die Magie wieder einen Weg.

Teil 1

Ursache und Wirkung

Die Sache mit den Gewohnheiten …

Je länger und öfter wir etwas tun, desto leichter geht es uns von der Hand. Immer wiederkehrende Gedanken und Verhaltensmuster werden nicht nur zu einem Teil unserer Persönlichkeit. Sie sind unsere Persönlichkeit! Steter Tropfen höhlt den Stein. Egal ob der Stein will, oder nicht. Unsere Art zu denken, zu handeln, wie wir uns bewegen und der Welt mitteilen, ist also vor allem eins: Übungssache.

Was mit einer einzelnen bewussten Handlung beginnt, entwickelt sich im Laufe der Zeit zu einem sich selbst verstärkenden Automatismus. Zunehmend losgelöst von willentlichen Einflüssen, gleicht unser Charakter einer gut geölten Maschine. Ihr mächtiges Eigenleben arbeitet nahezu unbemerkt und äußerst effektiv die Routineaufgaben des Alltags ab. Im Energiesparmodus unseres Verstands gleiten wir durchs Leben. Dank dieser unterbewussten Programmierung sind wir in der Lage, um 02:00 Uhr nachts, gedankenversunken, mit 120 km/h über die Landstraße zu brettern. Wir nehmen weder den Weg, noch die nächste Kurve oder die nahezu mechanischen Bewegungen unserer Beine wahr. Die Strecke steckt in uns, sodass sich der Weg von selbst findet. Rituale und wiederkehrende Verhaltensmuster sorgen dafür, dass uns das Bekannte und Vertraute in Fleisch und Blut übergeht. Unser Charakter ist die Summe unserer Gewohnheiten. Egal ob unser Verstand will, oder nicht.

Die Sache mit den Gewohnheiten ist folgende …

Sie machen uns das Leben einfach! Gewohnheiten sind nicht nur praktisch, ohne sie wären wir sogar ziemlich aufgeschmissen. Geradezu lebensunfähig! Müssten wir alle Abläufe des Alltags aktiv, mit unserem Verstand analysieren, verarbeiten, bewerten und anschließend bewusst eine darauf passende Reaktion finden, wären wir komplett überfordert. Der Großteil unseres Verhaltens funktioniert wie eine im Unterbewusstsein angelegte *Wenn-Dann-Funktion*. Mit Hilfe unserer Sinnesorgane nehmen wir Umwelteinflüsse auf und reagieren, meistens ohne nachzudenken, mit einer eingespeicherten Antwort darauf. Das bedeutet konkret: Die meiste Zeit des Tages sind wir per Autopilot unterwegs. Über 90% des menschlichen Verhaltens geschieht nicht willentlich, sondern ist eine auf Erfahrungen gestützte unwillkürliche Reaktion. Teilweise so banal und selbstverständlich, dass wir, ab einem gewissen Grad der Routine, nie wieder einen bewussten Gedanken an manche Gewohnheiten verschwenden.

Wenn: Zähne putzen *Dann:* Wasser auf Bürste

Wenn: Wasser auf Bürste *Dann:* Zahnpasta auf Bürste

Die Liste an persönlichen Wenn-Dann-Funktionen ist schier endlos. Jeder Mensch hat sein eigenes Repertoire an solchen Automatismen, deren Ursprung sich kaum noch zurückverfolgen lässt. Manch einer macht erst die Bürste nass, bevor er die Zahnpasta aufträgt. Ein Anderer fühlt sich beim bloßen Gedanken an diese Reihenfolge schon unwohl und macht es deshalb genau anders herum. »Warum? Hab ich schon immer so gemacht!«

Viele Gewohnheiten hat uns Mutter Natur auch höchstpersönlich in die Wiege gelegt. Wenn beispielsweise ein lautes Geräusch hinter uns ertönt, reagieren wir sofort! Umdrehen, die Knie beugen, den Kopf leicht einziehen. In Deckung gehen und die körpereigene Angriffsfläche verringern! Solche instinktiven Verhaltensmuster stecken tief in uns und funktionieren heute noch genauso wie vor dreitausend Jahren. An dieser Steinzeit-Programmierung kann nur die Evolution langfristig etwas verändern. Und das braucht Zeit, sehr viel Zeit. Wir können zwar lernen gegen Instinkte anzukämpfen, aber es ist und bleibt ein Kampf gegen uns selbst. An dieser Grundausstattung der Gewohnheiten zu rütteln, ist jedoch in den seltensten Fällen notwendig. Viel entscheidender für ein glückliches Leben sind die Reaktionen und Automatismen, die wir uns selbst antrainiert haben. Unser Lebensstil basiert auf all den Handgriffen und Gedanken, die sich Tag für Tag wiederholen, bis unsere Wenn-Dann-Funktionen so etabliert sind, dass sie den Kurs unseres Lebens stärker beeinflussen, als es uns manchmal lieb ist. Rituale und Verhaltensmuster gelegentlich zu hinterfragen ist essentiell, um sicherzustellen, dass unser Verhalten auch den eigenen Absichten gerecht wird. Unser Autopilot sollte regelmäßig auf notwendige Updates überprüft werden, sonst fährt er uns früher oder später gegen eine Wand! Verwundert stehen wir dann vor den Trümmern unseres Lebens und fragen uns: »Wie konnte das denn passieren?«

Auch sinnlose Handlungen, die uns teilweise mehr schaden als nützen, reifen im Laufe der Zeit zu Gewohnheiten heran. Im günstigsten Fall sind es nur liebenswerte Macken, im schlimmsten Fall Süchte oder zwanghafte Ticks, die uns langsam zu Grunde richten. Doch egal ob konstruktiv oder destruktiv, unsere Gewohnheiten fühlen sich irgendwann so einfach und richtig an, dass der Gedanke, die vertrauten Pfade wieder zu verlassen, äußerst fremdartig daherkommt. Wir werden regelrecht blind für andere Möglichkeiten und Ideen. Warum auch irgendetwas ändern? Funktioniert doch alles wunderbar und erfüllt seinen Zweck! Gewohnheiten sind nicht umsonst die Dauerbrenner unter unseren Verhaltensmustern. Lieber nicht hinterfragen, was da im Fahrwasser unseres Unterbewusstseins passiert, sondern Scheuklappen auf und betriebslind mit Vollgas durchs eigene Leben heizen. Klingt etwas überspitzt, doch dieser Vergleich trifft auf jeden von uns zu, ob wir wollen oder nicht. Der Mensch ist ein Gewohnheitstier und das ist in der Regel auch gut so. Die meisten unserer Gewohnheiten sind wertvolle, manchmal sogar hart erarbeitete Errungenschaften, die uns das Leben deutlich einfacher machen. Angefangen vom Schnürsenkel zubinden, übers Haustüre zusperren, bis hin zu filigranen Handgriffen, die wir im Berufsleben brauchen. Manche Gewohnheiten haben sich sogar so sehr verselbstständigt, dass sie nur noch im Blindflug richtig funktionieren.

Das Anfahren bereitet Fahranfängern im PKW enorme Schwierigkeiten. Mit zunehmender Erfahrung wird aus der anfangs komplexen Beinarbeit, ein Ablauf von Gefühlen. Die Druckpunkte von Gas und Kupplung werden fließend erspürt, ohne das Bewusstsein konzentriert miteinzubeziehen. Eine gefühlte Wenn-Dann-Funktion, die am besten funktioniert, wenn der Verstand sich zurückhält. Bei zu viel Nachdenken wird das Anfahren auch Mal zum nervösen Krampfanfall. In der Absicht alles richtig machen zu wollen, schalten wir den gut funktionierenden Automatismus unwissentlich aus. Wir fangen an über etwas nachzudenken, was schon seit Jahren ohne Nachdenken funktioniert. Die Wenn-Dann-Funktion endet in einem ERROR. Ganz nach dem Motto: »Heute muss alles perfekt laufen, also übernimmt der Chef das Kommando!« Doch wie im echten Leben auch, ist der Chef manchmal derjenige, der von Tuten und Blasen am wenigsten Ahnung hat. Kein Wunder also, dass wir immer dann am besten sind, wenn wir Aufgaben und Herausforderungen entspannt gegenübertreten und aufhören, durch zu viel Nachdenken unsere eigenen Fähigkeiten auszuheben.

Vor allem, wenn Selbstzweifel und Nervosität ins Spiel kommen, verliert man die Verbindung zu sich selbst. Einfachste Tätigkeiten sind plötzlich um ein Vielfaches anstrengender und die Ergebnisse oft um ein Vielfaches schlechter. Beispiele finden sich in jedem Lebensbereich. Egal ob beim Bezahlen an der Supermarktkasse, wenn man vor lauter Zeitdruck die eigene PIN-Nummer plötzlich vergisst, oder beim Bewerbungsgespräch, wenn Wortfindung und Satzbau zur Herkules-Aufgabe werden. Wir verlieren den Zugriff auf unsere gewohnten Muster und damit auch unsere Authentizität. Blackout! Wer zu viel nachdenkt, verliert! Der gut gemeinte Ratschlag »Sei einfach du selbst!«, bedeutet präziser formuliert nichts anderes als »Folge deinen Gewohnheiten!«

Egal ob positiv oder negativ, gewinnbringend oder selbstzerstörerisch, Gewohnheiten geben uns ein wohliges und beruhigendes Gefühl der Sicherheit. Unserer Komfortzone ist nichts anderes als die Summe unserer liebsten Gewohnheiten. Doch diese Wohlfühlzone beherbergt gleichzeitig eine große Gefahr. Egal was im Rahmen unserer Komfortzone geschieht, für uns selbst fühlt es sich gut an, auch wenn es uns eigentlich schadet. Man findet heutzutage keinen Raucher mehr, der allen Ernstes behauptet, nicht zu wissen das Zigaretten ungesund sind. Trotzdem bekommt er jedes Mal wieder dieses schöne, entspannende Gefühl, wenn der Rauch durch die Lunge strömt. »Giftig, na klar. Aber was muss das muss!« Beim Zigarettenkonsum besteht die Gewohnheit sogar aus zwei Teilen. Sowohl Körper, wie auch Geist, Physiologie und Psychologie, sind von der Sucht betroffen.

Gerade die körperliche Komponente zeigt eindrucksvoll, wie erschreckend machtvoll Gewohnheiten sein können. Ein langjähriger Raucher hat es geschafft, seinen Organismus so umzuprogrammieren, dass er ein Gift (Nikotin) benötigt, um sich gut zu fühlen. Ohne die biochemische Reaktion, die das Nikotin im Gehirn eines Rauchers auslöst, bleibt die Tür zur Komfortzone geschlossen. Man muss sich dieses Dilemma einmal auf der Zunge zergehen lassen, oder langsam inhalieren, um im Bild zu bleiben. Nikotin ist ein hochschädliches Zellgift. Die Macht der Gewohnheit ist dennoch so enorm, dass wir den eigenen Körper erfolgreich manipulieren können, genau danach zu ächzen. Routinierte Selbstzerstörung fühlt sich einfach gut an! Andere Gewohnheiten sind eher mentaler Natur, das Prinzip bleibt aber das Gleiche. Erst nach Erfüllung bestimmter Wenn-Dann-Funktionen, wird uns der Zutritt zur Komfortzone gewährt. Je mehr desto besser! Wie mit Hilfe einer internen Check-Liste der liebsten Gewohnheiten, tauchen wir mit jedem gesetzten Haken tiefer in unseren Wohlfühlbereich ein. Wenn … eintritt, dann Glückshormone! Was davon Körper und Geist wirklich gut tut, ist eine andere Frage. Gut bedeutet erst einmal nur: Erwartung erfüllt. Das Thema Rauchen beweist diese Tatsache mühelos. Aber auch Gefühle lassen sich nicht pauschalisieren und werden subjektiv unterschiedlich erlebt. Manch einer liebt es sich melancholischen Filmen und Liedern hinzugeben und genießt die bittere Süße dieser Emotion. Bei anderen Menschen führt Melancholie hingegen zu nichts anderem als tiefer Traurigkeit. Das Wenn in unserer Glücks-Gleichung, kann also nahezu jede Gestalt annehmen und funktioniert nicht gleichermaßen für Alle.

Die Kunst des Glücks liegt in der bewussten Gestaltung unserer persönlichen Funktionen. Haben wir sehr hohe Ansprüche an unsere Leistungen, andere Menschen und das Leben im Allgemeinen, so lassen sich unsere Glücks-Gleichungen nur unter hohem Aufwand und selten parallel oder gleichzeitig erfüllen. Vereinfacht gesagt bedeutet das, wir sind schwer zufrieden zu stellen. Arbeiten wir hingegen bewusst daran, viele, einfache Wenn-Dann-Funktionen zu internalisieren, so gönnen wir uns dadurch regelmäßige Erfolgsmomente und gestalten uns den Alltag deutlich angenehmer. Was unter dem Begriff »Anspruchslosigkeit« für viele Menschen mit einem negativen Unterton daher kommt, ist bei bewusster Entscheidung viel eher ein nachhaltiger und cleverer Umgang mit der eigenen Lebensqualität.

Ein weiterer Weg zum Glück ist die in vielen Religionen und Philosophien angepriesene Tugend der Bescheidenheit. Anstelle von zahlreichen einfachen Funktionen, verzichtet man auf so viel Wenn-Dann wie möglich. Man knüpft das eigene Wohlergehen dadurch an weniger Bedingungen und wird sensibler für die kleinen Freuden des Lebens. Das aktive Befriedigen von Gelüsten und scheinbaren Bedürfnissen rückt in den Hintergrund, da es ganz einfach nicht mehr so viel zu befriedigen gibt. Stattdessen erfreut man sich an dem, was bereits da ist und den Dingen, die von alleine ihren Weg ins eigene Leben finden. Im Laufe der Zeit erkennt man zunehmend, wie wenig tatsächlich notwendig ist, um Zufriedenheit zu finden. Sie entsteht fast von alleine, weil man es zur Gewohnheit gemacht hat mit wenig zufrieden zu sein. Wenn kein Wenn, dann glücklich!

Doch bevor wir es schaffen unseren Autopiloten so in den Dienst des eigenen Glücks zu stellen, müssen wir erst einmal alten, toxischen Gewohnheiten den Stecker ziehen! Haben wir verstanden, wie und auf welche Arten bestimmte Verhaltensmuster mit unserem Verstand spielen, gelingt es uns auch rechtzeitig Gegenmaßnahmen einzuleiten. Stoffe, wie Nikotin und Alkohol, die eine chemische Wirkung besitzen und unseren Organismus so auch abseits jeglicher Gewohnheiten beeinflussen, sind besonders gefährlich. Zu ihrer psychoaktiven Wirkung gesellt sich die mentale Macht der Gewohnheit, also die Zugangsbeschränkung unserer Komfortzone, die erst dann aufgehoben wird, wenn unsere Raucher- bzw. Trinker-Funktion befriedigt wurde. In diesem Zusammenhang spricht man beim Drogen-Konsum deshalb von einer körperlichen und mentalen Abhängigkeit. Dementsprechend muss man von zwei Seiten angreifen um das Verhalten erfolgreich zu verändern. Beim Rauchen können Nikotin-Pflaster dabei helfen die körperliche Sucht zu reduzieren und / oder E-Zigaretten, die aufgrund der sehr ähnlichen Handhabung im Vergleich mit normalen Zigaretten, dabei helfen können die mentale Gewohnheit zu befriedigen. Im Kapitel über die Sache mit Loslassen, greifen das stückweise Aufgeben und Ersetzen alter Verhaltensmuster noch einmal auf. Doch auch wenn körperliche Abhängigkeit keine Rolle spielt, also kein Stoff o.ä. vorhanden ist, den wir unserem Körper von außen zuführen, endet trotzdem jede Gewohnheit mit einer stofflichen Reaktion im Gehirn. Ob wir uns gut fühlen oder nicht, ist reine Biochemie. Bereits ein einzelner Gedanke kann ausreichen um die notwendigen Zahnräder in Gang zu setzen. Wiederholt sich eine Tätigkeit oder ein Gedankengang regelmäßig (Aktion), verknüpfen sich die daran beteiligten Nervenzellen stärker miteinander und et voilà, eine neue Gewohnheit (gelernte Reaktion) wächst und gedeiht.

Leidvolle Erfahrungen oder Traumata, die Turbos unter den Wenn-Dann-Funktionen, gehören zu den besonders gut vernetzten Leitungsbahnen. In kürzester Zeit rufen sie Stresshormone auf den Plan! Der Trigger, also das Wenn, kann hochindividuell und unfassbar banal sein. Doch seine Wirkung ist verehrend! Angstzustände und Panik breiten sich aus und führen nicht selten zu einem Vermeidungsverhalten. Man versucht um jeden Preis dem Auslöser aus dem Weg zu gehen, koste es was es wolle. Arbeitet man nicht bewusst an der Auflösung solcher Kettenreaktionen, wird das Vermeiden zur Gewohnheit. Wir spendieren dem Trigger des Problems damit einen selbstgemachten Schutzschild und machen die Rückkehr zur Normalität noch schwerer. Der Versuch, sich selbst zu schützen, bewirkt letzten Endes das genaue Gegenteil. Wird ein solcher Teufelskreis zum festen Bestandteil unseres Lebens, haben wir die Macht der Gewohnheit in ihrer schlimmsten Form kennengelernt. Ein selbstzerstörerischer Ohrwurm, den man einfach nicht mehr aus dem Kopf bekommt. Alles ausgelöst durch einen einzelnen Gedanken.

Im Laufe unseres Lebens geschieht es nun immer wieder, dass wir uns mit Situationen und Umständen konfrontiert sehen, die unsere Komfortzone bedrohen. Unsere Gewohnheiten lassen uns im Stich und wir müssen uns mit alternativen Möglichkeiten oder Lösungen anfreunden. Manchmal ist einfach nur unser Lieblingsmüsli ausverkauft und wir zwingen uns schweren Herzens eine Scheibe Toastbrot hinunterzuwürgen. Halb so wild. Spätestens in ein paar Tagen wird wieder alles beim Alten sein. Manchmal finden aber auch Dinge den Weg in unser Leben, die nachhaltig alles auf den Kopf stellen und unser Weltbild erschüttern. Unsere Vorstellung davon, wie das Leben funktioniert, oder eher, wie es zu funktionieren hat, gerät ins Wanken. Unsere gewohnte Sicht auf die Dinge, unser Lebensstil, der sich im Laufe der Jahre entwickelt hat, unsere gesammelten Gewohnheiten und nicht zuletzt unser Verständnis der Wahrheit, wird plötzlich von neuen Informationen bedroht. Das Leben kommt ums Eck, schüchtert uns ein und erzwingt Veränderungen, die wir eigentlich gar nicht wollen. Es kommt zu Situationen, die uns manchmal schleichend, manchmal plötzlich, die Scheuklappen von den Augen reißen und uns zeigen, dass unsere Welt eine Scheinwelt ist. Was nun folgt ist der bittere Kampf Realität gegen Komfortzone. Das Emotionschaos ist vorprogrammiert.

Anfangs sind unsere Gewohnheiten noch stark und stabil. So stark, dass neue Eindrücke, die unsere Lebensrealität in Frage stellen, uns scheinbar nichts anhaben können. Solange wir unsere Wenn-Dann-Funktionen erfüllen, fühlt sich alles wie gewohnt gut an. Eine ganze Weile klappt das wunderbar. Wir fühlen uns weiterhin ziemlich wohl in unserer Haut. Doch wie wir bereits wissen, ist die Sache mit den Gewohnheiten nur eine Frage der Zeit. Werden wir immer wieder mit Informationen und Fakten konfrontiert, die im Gegensatz zu dem Stehen, was wir zu wissen glauben, gelangen wir an einen kritischen Punkt des inneren Zwiespalts. Die Beweislast wird erdrückend! Wir können die Wahrheit nicht mehr leugnen und es kommt, wie es kommen muss. Wir erkennen, dass unsere Gewohnheit und die damit verbundenen Vorstellungen von uns selbst, ausgedient haben. Es ist dieser »Scheiße … er hat Recht!« Moment, in dem wir begreifen, dass sich unsere Meinung ändern muss, egal ob wir selbst zu dieser Einsicht gelangen, oder uns jemand anderes die Erkenntnis aufs Auge drückt. Manche Menschen sind sehr talentiert darin, diesen Moment der Wahrheit lange zu ignorieren und weiterhin in einer Lügenwelt zu leben. Die objektive Wahrheit ist für Sie nur eine Meinung von vielen, die das eigene Ego gekonnt ausblendet. Akzeptieren wir im Gegensatz zu Donald Trump die Realität an, so wird das Gewohnte, das uns bisher durchs

Leben geholfen hat, von Mal zu Mal ein Stückchen unangenehmer. Es verliert seine eingeübte Leichtigkeit, da wir wissen, dass dieses Verhalten zwar immer noch funktioniert, aber nicht mehr zeitgemäß und richtig ist.

Über Plastiktüten im Supermarkt haben sich vor ein paar Jahren nur Wenige Gedanken gemacht. Theoretisch lassen sich Einkäufe damit auch heute noch wunderbar von A nach B bringen. Da mittlerweile aber jedem klar ist, dass man damit der Umwelt nichts Gutes tut, hat die kollektive Gewohnheit *Plastiktüte* in der Praxis ausgedient. In unserem eigenen Leben passiert das Gleiche. Verhaltensmuster, die jahrelang eine Selbstverständlichkeit unserer Existenz waren, werden von der Wahrheit am Kragen gepackt und aus unserer Komfortzone geschleift. Sowohl persönlich, als auch im großen Kontext unserer Gesellschaft, haben wir Gewohnheiten entwickelt, die das Leben kurzfristig einfacher machen und uns ein gutes Gefühl geben, langfristig aber unsere Existenzgrundlage zerstören. Einwegverpackungen, Massentierhaltung und selbstsüchtige Politiker, sind nichts anderes als schlechte Gewohnheiten auf globaler Ebene. Bei genauerem Hinsehen merken wir, dass sie uns mehr Schaden zufügen, als Nutzen liefern. Sich von ihnen zu verabschieden ist gruselig, da wir uns so sehr an sie gewöhnt haben und sie uns deshalb ein Gefühl der Normalität und Sicherheit vermitteln. Alles was neu und anders ist, lässt erst einmal die Alarmglocken läuten. Doch was ist die Alternative? Wenn-Dann ERROR.

Jeder von uns tut für sich genommen genau das Gleiche. Aus Bequemlichkeit oder Angst, die Augen vor der Wahrheit verschließen und sich an die sichere Komfortzone, mit all ihren teils giftigen Gewohnheiten klammern. Früher oder später kommt der jedoch der Tag an dem die Wenn-Dann-Funktionen in sich zusammenbrechen. Wenn …, dann Glückshormone, funktioniert nicht mehr. Meistens geschieht das nicht schlagartig, sondern die Einsicht untergräbt unser Weltbild schleichend und lässt die Säulen auf denen unsere Realität ruht langsam erodieren, bis sie nachgeben und wir dazu gezwungen sind unser Verhalten zu ändern. In manchen Fällen gleicht die Erkenntnis aber auch einer Abrissbirne, die durch unser Leben rauscht und im Bruchteil einer Sekunde das platt macht, was wir für selbstverständlich gehalten haben. Was folgt ist in beiden Fällen erst einmal identisch. Leerlauf. Wir starren fassungslos auf die Trümmer unserer Gewohnheiten, die unsere Komfortzone zu einem ungemütlichen und chaotischen Ort machen. Es liegt nun an uns, wie lange wir jammernd der Vergangenheit hinterher trauern. Am Aufbau neuer Verhaltensmuster führt kein Weg vorbei. Die Gewohnheiten, die wir bisher verfolgt haben, um die Checkliste unserer Komfortzone zu vervollständigen, erinnern uns nun tagtäglich an die verdrängte Realität. Ein solcher Moment stellt sich beispielsweise ein, wenn man nach fünfzig Jahren ungesunder Ernährung, die Diagnose Diabetes Typ 2 gestellt bekommt. Wir können nicht in die Scheinwelt zurückkehren, in der unser Körper gesund ist und es keinen Grund zur Sorge gibt. Wir können die Wahrheit vielleicht noch für eine Weile verdrängen, doch sie nagt an unserem Nervenkostüm, bis wir sie endlich akzeptiert haben. Es gibt keinen Weg zurück in die Matrix. Passen wir unser Verhalten nicht spätestens jetzt an, werden die Konsequenzen gnadenlos sein. Egal ob Klimawandel oder Blutzucker. Ignorieren wir die Wahrheit zu lange, sprengt sie sich irgendwann den Weg frei und reißt dabei ein umso größeres Loch in unsere Komfortzone. Die Einschränkungen und Repressalien, die jetzt auf uns zukommen, sind umso drastischer. Entweder wir schaffen den Absprung oder wir beenden unseren schleichenden Suizid.

Solche extremen Beispiele, werden den meisten, oftmals harmlosen Gewohnheiten, natürlich nicht gerecht. Dennoch muss oftmals erst ein extremes Ereignis oder Gedankenexperiment uns wachrütteln, bevor wir endlich einsehen, dass es Zeit ist an unserem Verhalten etwas zu ändern. Wenn Fakten die Welt, oder unsere eigene Persönlichkeit bedrohen, rauscht sofort der Türsteher unserer Komfortzone heran und schlägt wild um sich. Unser Ego. In der Einzahl schon gefährlich, doch im Kollektiv der Gesellschaft kann es Welten zerstören. Unser Welt. Ego mag es überhaupt nicht, wenn am Gewohnten gerüttelt wird. Das würde nämlich bedeuten, dass wir unser bisheriges Verhalten fehlerbehaftet oder schlichtweg nicht mehr zeitgemäß ist. Fehler eingestehen? Das mag das Ego gar nicht. Auch darauf werden wir in einem Folgekapitel noch ausführlich eingehen. Für die Sache mit der Gewohnheit reicht es zunächst einmal, sich seiner Funktion bewusst zu werden.

Unser Ego biegt sich die Realität so zurecht, wie sie ihm gerade am angenehmsten ist. Das Verdrängen der Wahrheit uns Kaschieren von Lügen ist sein Werk. Man denke an Donald Trump, der es mit seinem gewaltigen Ego fertig gebracht die Realität jahrelang zu verdrängen und mit Hilfe alternativer Fakten für seine Zwecke umzuformen. Fehler sind im fremd. Die Anderen sind schuld! Ungezügeltes Ego in Reinform. Auch wir selbst müssen uns bewusst sein, dass unser eigenes Ego ein großer Manipulator ist. Irrational und uneinsichtig verteidigt es unsere Komfortzone, gegen alles und jeden. Sogar gegen uns selbst. Menschen sind großartig darin sich selbst zu belügen, wenn es darum geht unangenehme Veränderungen zu vermeiden. So gut, dass wir oft nicht merken, wie wir uns an der Nase herum führen und die Wahrheit unter den Teppich kehren. Zu verstehen, wie Gewohnheiten funktionieren und ein Gespür für das eigene Ego zu ent-wickeln, ist der erste Schritt hin zu einem selbstbestimmten Leben, mit vielen erfolgreichen Wenn-Dann-Funktionen. Je früher du damit anfängst, dich selbst besser kennenzulernen, desto mehr Leid und ERROR ersparst du dir. Du program-mierst dein Verhalten im eigenen Interesse um, bevor die Abrissbirne deine Komfortzone zu Kleinholz verarbeitet.

Hier endet die Theorie. Jetzt kommst du.

An welche Gewohnheiten klammerst du dich, obwohl sie dir nichts mehr nutzen? Was für Dinge tust du immer und immer wieder, obwohl du genau weißt, dass du dir damit eigentlich nur selber schadest? Drück deinem Ego Hammer und Meißel in die Hand, und fang an gesündere, bessere Ge-wohnheiten in Stein zu meißeln. Das ist ein anstrengender und oft auch unangenehmer Prozess, der nie wirklich ein Ende findet. Doch die Alternative ist keine Alternative. Du kannst nicht ewig so weitermachen wie bisher. Es gibt keinen Weg zurück in die Illusion. Entweder du veränderst dein Le-ben, oder dein Leben zwingt dich irgendwann auf die harte Tour dazu, deine Prioritäten neu zu ordnen. Fang an selbst die Kontrolle zu übernehmen! Die Sache mit der Selbstfindung hilft dir dabei, die guten von den schlechten Gewohnheiten zu unterscheiden. Du baust ein Leben auf, das dich jeden Tag ein bisschen mehr zu dir selbst führt. Schritt für Schritt, bis Glück zur Gewohnheit wird.

Die Sache mit der Selbstfindung ...

Die Frage nach dem »Wer bin ich?«, ist wahrscheinlich schon so alt wie die Frage nach dem Sinn des Lebens selbst. Auf der Suche nach einer Antwort stellen wir viel Vertrautes in Frage, allen voran unsere eigene Persönlichkeit.

Menschen, Dinge und Gewohnheiten, die unseren bisherigen Lebensweg lange Zeit begleitet haben und uns ein Gefühl von Identität und Zugehörigkeit vermittelten, werden nun vor das Gericht der eigenen Ideale gestellt. Die Sache mit den Gewohnheiten hat uns gezeigt, dass wir im Laufe der Zeit alle an den Punkt gelangen werden, der uns keine andere Wahl lässt, als unser eigenes Verhalten und die daraus resultierenden Lebensumstände, kritisch zu hinterfragen. Entweder wir lernen diese Lektion auf die harte Tour, die Sache mit der Abrissbirne, oder wir gelangen aus eigener Einsicht und freien Stücken heraus zur Erkenntnis. Wir verstehen, dass sich etwas ändern muss, doch die Angst vor falschen Entscheidungen ist erdrückend. Wir wollen einen Weg zum Glück finden, der uns ans Ziel führt und nicht wieder in einer Sackgasse, voll von Reue und Selbstzweifeln, endet. Wir wollen endlich ankommen! Doch wo genau eigentlich?

Wo fängt man an zu suchen, wenn man nicht weiß, wo die Reise hingehen soll? Wie findet man heraus, welche der tausend Abzweigungen die richtige ist? Welcher Lebensweg passt zu mir und meinen Bedürfnissen? Was für Bedürfnisse habe ich eigentlich und wer ist dieses *Ich* überhaupt?

Die Sache mit der Selbstfindung ist folgende …

Um die passenden Antworten zu finden, müssen wir zunächst einmal die Fragen richtig verstehen. Wir fragen zwar »Wer bin ich?« oder »Was macht mich glücklich?«, doch suchen in unseren Köpfen und Herzen anschließend nach etwas ganz anderem. Unsere Gedanken kreisen nicht um uns selbst, sondern reißen aus in Richtung Zukunft. Aus »Wer bin ich?« wird »Wer will ich sein?« und »Was macht mich glücklich?« wird zu »Was würde mich glücklich machen?« Wir suchen Antworten dort, wo wir sie nicht finden können. Nicht in uns selbst, hier und jetzt, sondern in einer Vision. Wir entwerfen ein Märchen, von dem wir glauben, dass es uns endlich langfristig glücklich macht und versuchen daraus abzuleiten, wer wir sein müssen. Die Frage »Wer bin ich?« überspringen wir einfach.

Es scheint fast so, als würden wir uns nicht wirklich für unser gegenwärtiges Ich interessieren. Lediglich die durch unser Ego weichgezeichnete Idealversion unserer selbst, steht im Fokus der Sinnsuche. Deine Gedanken sind nicht in der Gegenwart bei dir, sondern bei verschiedenen Szenarien, Karriereoptionen oder Beziehungsentscheidungen, die passieren *könnten*. Die du tun *könntest*. Du versuchst zu ergründen, welche Entscheidungen dich glücklicher machen *könnten*, als du jetzt gerade bist. Du glaubst nach dir selbst zu suchen, suchst aber in Wahrheit nach einem Weg weg von dir. Bleib doch erstmal hier und gib dir die Chance, dich selbst wirklich kennenzulernen. Die Frage »Wer bin ich?« bezieht sich auf die Gegenwart. Den richtigen Weg von dir weg und zu dir hin, findest du leicht, sobald du dich selbst gefunden hast.

Es gibt eine glückliche Minderheit, die bereits im jungen Alter genau weiß, was sie sich vom Leben erwartet. Mit Mitte dreißig passt der Lebenslauf noch ohne Probleme auf eine DIN A4 Seite und der Ruf der großen weiten Welt stößt bei ihnen auf taube Ohren. Zusammen mit dem Partner oder der Partnerin, die man bereits aus dem Sandkasten kennt, verbringen sie den Rest ihrer Tage in scheinbar müheloser Zufriedenheit. Auch bei ihnen läuft natürlich nicht immer alles glatt. Es gibt Höhen und Tiefen und gelegentlich auch mal eine Krise. Die großen, existentiellen Fragen des Lebens scheinen sich aber größtenteils von selbst zu beantworten. Bei den Meisten von uns gestaltet sich die Suche nach dem Glück hingegen ein bisschen komplizierter. Die Qual der Wahl begleitet uns auf Schritt und Tritt. Sowohl beruflich, wie auch privat führen wir ein Leben, das häufig nur per Ausschlussprinzip funktioniert. Vier Praktika, zwei Ausbildungen, sieben Beziehungen und ein abgebrochenes Studium später, weißt man vor allem eines: Was man nicht will! Einige dieser Fehlschläge entpuppen sich im Nachhinein als wertvolle Lektionen. Doch auf manche Abenteuer hätte man auch gut und gerne verzichten können. Sie fressen nur Zeit, Geld und vor allem jede Menge Nerven. Kostbare Ressourcen die man besser in Erfahrungen und Dinge investiert, die das Leben tatsächlich bereichern. Welche Abenteuer lohnenswert sind, lässt sich im Vorhinein schwer voraussaugen, doch zumindest unseren inneren Kompass können wir geschickt ausrichten und so die größten Missgeschicke gekonnt umgehen. Die Frage nach dem »Wer bin ich?« stellt man sich deshalb besser vor großen Entscheidung und nicht erst, wenn man mit dem Gesicht bereits zur Wand steht.

Unser Ich ist glücklicherweise keine starre, unveränderliche Manifestation der eigenen Gene, der wir nach unserer Geburt hilflos ausgeliefert sind. Erlebnisse und Erfahrungen jeglicher Art hinterlassen ihre Spuren. Sie verändern unsere Definitionen von gut und schlecht, Glück und Unglück, sowie die Wahrnehmung der eigenen Persönlichkeit. Unser Selbstbild ist eine relativ flexible Sache. Wer auf die Frage »Wer bin ich?« eine zufriedenstellende Antwort sucht, muss deswegen regelmäßig nachfragen und sich selbst, ein ums andere Mal, neu kennenlernen. Auf dieser unendlichen Reise ist das *Ich* uns immer einen Schritt voraus. Wir sind dazu verdammt ihm nachzujagen, ohne es jemals erwischen, geschweige denn gänzlich verstehen zu können. Es gibt jedoch einfache Mittel, um ihm, dem Selbst, zumindest sehr nahe zu kommen. Die Herangehensweise ist ähnlich simpel und manchmal auch ähnlich unangenehm, wie die Kennenlernphase zweier Menschen.

Wie gehst du vor, wenn du Jemanden triffst und wissen möchtest, mit was für einem Charakter du es zu tun hast? Du stellst Fragen! Was solltest du also tun, um herauszufinden, wie du selber tickst? Fang an Fragen zu stellen!

Willkommen in deiner ganz persönlichen Talk-Show. Jeden Tag eine neue Folge, zu einem anderen Thema. Das klingt fade und sehr spielerisch, ist aber enorm effektiv! Die Suche nach den eigenen Interessen, Persönlichkeitsanteilen und Idealen muss nicht kompliziert sein, im Gegenteil. Sie sollte so einfach wie möglich von Statten gehen. Einfache Fragen, klare Antworten. »Wer bin ich?« führt leider häufig zu impulsiven und aufwühlenden Gedankenspiralen. Man verfängt sich in den eigenen Ängsten und Hoffnungen, und schafft es deshalb nicht tief genug in die eigene Persönlichkeit vorzudringen. Bevor es interessant wird, zieht man die Reisleine, weil es emotional zu anstrengend wird. Ein systematisches Frage-Antwort-Spiel hilft uns hingegen, Störfaktoren auszublenden und Seiten an uns selbst zu entdecken, die im Orkan unserer Gefühle ansonsten kaum zum Vorschein kommen. Wie ein knallharter Investigativ-Reporter, stellst du dir zunächst einfache, recht oberflächliche Fragen zum warm werden. Nach und nach ziehst du die Daumenschrauben weiter an und bohrst auch bei unangenehmen Problemen schonungslos nach. Keine Scheu vor peinlichen Antworten, die womöglich weit abseits der gesellschaftlichen Norm liegen. Kriegt ja keiner mit, außer dir. Sei hartnäckig und lass nichts aus! Selbst Themen, die dich nicht interessieren und über die du so gut wie nie nachdenkst, können zu überraschenden Erkenntnissen führen. Es finden sich Verbindungen zu anderen Bereichen, die dir mehr am Herzen liegen und plötzlich siehst du manche Dinge und dich selbst in einem ganz anderen Licht. Politik, Umwelt, Religion und Sexualität haben genauso einen Platz in deiner Talkshow verdient, wie Hobbys, Freunde, Essen und Kleidung. Es dauert zwar eine Weile, doch lieber investiert man jeden Tag ein paar Minuten in diese Art der Selbstreflexion, als das man die Antworten unter noch viel höherem Zeit- und Energieaufwand auf die harte Tour, per Ausschlussprinzip, herausfindet. Sich auf ein bis zwei Themen pro Tag einzuschießen und nicht die ganze Existenz auf einmal in Frage zu stellen, bietet den Vorteil, dass man sehr ausführliche Antworten in den Tiefen des eigenen Denkens und Handelns erschließt. Hier einige Beispiele, um dir den Gesprächseinstieg zu erleichtern:

Wie sieht deine politische Grundeinstellung aus?
→ **Warum** bist du für / gegen … ?
→ **Warum** hast du keine politische Meinung?

Wie stehst du zum Thema Umweltschutz?
→ Was tust du persönlich für die Umwelt?
→ **Warum** interessiert dich die Umwelt nicht?

Wie steht es um deine Gesundheit?
→ Fühlst du dich fit und leistungsfähig?
→ **Warum** ist dir deine Fitness so wichtig?

Wo siehst du deine zwischenmenschlichen Stärken / Schwächen?
→ Was macht dich zu so einem guten Zuhörer?
→ **Warum** fällt es dir schwer Freunden von deinen Gefühlen zu zeigen?

Was tust du um dich zu entspannen?
→ Was tust du um Stress abzubauen?
→ **Warum** kannst du beim Einkaufen so gut
→ abschalten?

Schreib deine Fragen und Antworten am besten auf. So fällt es dir leichter Zusammenhänge zu erkennen und Themen, die dich nicht loslassen, erneut aufzugreifen. Die einzige Regel: Bleib im Hier und Jetzt! Kein könnte, würde, müsste! Die Beispiele zeigen nur eine vereinfachte, relativ oberflächliche Version eines möglichen Fragenkatalogs. Je mehr Zwischenfragen du einbaust, desto farbenfroher und detaillierter wird das Bild, das du von dir selbst zeichnest. Früher oder später laufen viele, wenn nicht sogar alle deiner Fragen, auf das Sinn stiftende »Warum?« hinaus. Im Warum findest du deine bestmögliche Antwort auf die Frage nach dem »Wer bin ich?«.

Die Suche nach sich selbst ist die Suche nach dem kleinsten gemeinsamen Nenner. Die Grundmotivation auf der unser Denken und Handeln errichtet ist. Man muss verstehen, warum manche Themen in den eigenen Augen enorm wichtig sind, andere hingegen vollkommen egal, um zu Kern der eigenen Persönlichkeit vorzudringen. Das »Warum?« ist ein

Messer, mit dem sich die Schale unserer Selbst Schicht für Schicht abtragen lasst. Mit jeder Lage öffnet sich die Wiege des eigenen Denkens ein klein wenig mehr. Wir erkennen, welche Antriebe hinter unserem Verhalten stehen und wie die daraus geborenen Gewohnheiten unser Leben prägen. Auf der Suche nach Gesprächsthemen für deinen inneren Dialog, empfiehlt es sich, der Spur deiner Gewohnheiten zu folgen. Im ersten Kapitel haben wir gesehen, dass unsere wiederkehrenden Verhaltensmuster die Essenz unseres Charakters am deutlichsten offenbart. Folgen wir der Krümel-Spur unserer Gewohnheiten tief ins Dickicht der eigenen Persönlichkeit, finden wir am Ende das Lebkuchenhaus, in dem sich die Antwort auf die Frage »Wer bin ich?« versteckt.

Bezogen auf die genannten Beispielfragen, könnte man die Gewohnheit: »Bei Stress gehe ich gerne Einkaufen!«, mit gut gemeinten *Warums* bombardieren, bis am Ende kein Zweifel mehr an den zugrunde liegenden Motiven besteht. Ein professioneller Psychotherapeut macht oftmals nichts anderes, als seinen Patienten dabei zu helfen, selbst die richtigen Fragen zu stellen und Altbekanntes aus einer neuen Perspektive zu betrachten. Die so große und abschreckende Frage nach sich selbst, ist gar nicht so schwierig zu beantworten, wenn man gelernt hat richtig hinzuschauen und zuzuhören.

Haben wir das Interview beendet, gibt es kaum noch Grund zu spekulieren, was wir tun könnten, um in Zukunft glücklicher zu werden. Wir wissen nun, was uns wirklich glücklich macht und sehen, was in unserem Leben dieses Glück vermehrt. Das klingt simpel und naja, das ist es auch. Simpel aber nicht immer angenehm. Im Laufe unseres Gesprächs werden wir Seiten am eigenen Charakter entdecken, die uns nicht gefallen. Trotzdem müssen wir diesen Persönlichkeits-anteilen mit genauso viel Sorgfalt, Verständnis und vor allem Ehrlichkeit und begegnen, wie unseren Lieblingsthemen. Jeder spricht gerne über Sachen die Freude bereiten, doch gerade abseits unserer Komfortzone finden wir die wertvollen Details. Die Stolpersteine, die unserem Glück bisher im Weg standen. Wir gehen dahin, wo es weh tut.

»Liegt dir die Umwelt am Herzen?«
»Ja natürlich!«

»Was tust du um die Natur zu schützen?«
»Ich like auf Instagram die Posts von PETA und GreenPiece.«

»Was noch?«
»Sonst nichts.«

»**Warum** engagierst du dich nicht mehr, wenn dir die Natur doch wichtig ist?«
»Ich habe viel zu tun und weder Zeit, noch Geld, um mich mehr zu engagieren!«

An dieser Stelle würden die meisten Leute aufhören und sich mit der eigenen Rechtfertigung zufrieden geben. Du bist an der Grenze deiner Komfortzone angekommen, was bedeutet, jetzt noch weiter nachzubohren wird äußerst unangenehm. Doch das Gold ist nur noch wenige Spatenstiche entfernt! Im Gegensatz zu einem echten Interview, hast du einen entscheidenden Vorteil. Stellt eine andere Person dir Fragen, kannst du behaupten du wüsstest es nicht besser, oder dich hinter cleveren Ausreden verstecken. Stellst du dir hingegen selber die Fragen, gibt es keine Gnade.

»**Warum** hast du keine Zeit, um dich mehr zu engagieren?«
»Naja, wegen meines Jobs und nach Feierabend will ich mich ja auch mal entspannen und Zeit mit Freunden verbringen.«

»**Warum** gestaltest du deinen Alltag dann nicht umweltfreundlicher, wenn du sonst keine Zeit findest?«
»Weil … «

Du weißt genau, dass es Möglichkeiten gäbe sich mit wenig Mehraufwand für die Natur stark zu machen. Du denkst zu wissen, wo deine Prioritäten liegen, obwohl dein Verhalten eine andere Sprache spricht. Dein Ego will nicht zugeben, was dein Herz ganz genau weiß. Sei endlich ehrlich zu dir selbst! Keiner erwartet, dass du perfekt bist, oder dich komplett aufopferst. Außer du selbst vielleicht. Verurteile dich nicht, wenn du auf Widerstand stößt und Eigenschaften an dir entdeckst, die zeigen, dass du auch nur ein Mensch bist. Das hier ist kein Verhör sondern ein Interview. Es geht einfach nur darum, dass du dich selber so siehst, wie du wirklich bist. Das wolltest du doch, richtig? Wissen wer du bist?

Die ganze Fragerei, das ganze kindliche Warum?, Warum?, Warum?, treibt die Wahrheit in die Enge. An Antworten wie: »Ich würde ja, aber …« erkennst du den Goldschatz! Du beginnst dich vor dir selbst zu rechtfertigen, weil dein bisheriges Verhalten nicht zu dem passt, was dein wahres Ich für gut und richtig hält Du musst nur noch dein Ego bei Seite schieben, die Schatztruhe öffnen und die Selbsterkenntnis in Empfang nehmen! Ironischer Weise streichen wir häufig ausgerechnet dann beleidigt die Segel, wenn die Wahrheit uns ins Gesicht schreit. Unser Ego missversteht jedes »Warum?« als eine Art Anschuldigung. Es verschiebt unseren Fokus weg von der Information, hin zur Emotion. Dann, wenn wir uns selbst beim Suchen von Ausreden ertappt haben, sollten wir jubelnd die Offenbarung in die Arme schließen. Stattdessen konzentrieren wir uns nur auf das unangenehme, unausweichliche Gefühl, bisher nicht den eigenen, in uns wohnenden Ansprüchen gerecht geworden zu sein. Wir sind endlich bei uns selbst angekommen, doch im letzten Moment errichten wir eine Mauer aus Rechtfertigungen zwischen dem Suchenden und seiner Beute. Wir selbst verwehren uns die Antwort, weil aus einem Gespräch unter Freunden eine Gerichtsverhandlung wird.

»**Warum** fährst du nicht öfter mit dem Fahrrad, wenn dir die Umwelt doch wichtig ist?«
*»Ich würde ja öfter mit dem Fahrrad fahren, **aber** … «*

Aber. Der letzte Strohhalm an den sich dein Ego klammert, bevor es der nichts mehr entgegen zu setzen hat. Das **Warum** ist der Weg zu dir selbst. Das **Aber** ist der Dornenteppich, auf den letzten Metern vor dem Ziel. Selbst wenn du plausible Antworten auf deine *Abers* findest, ändert das nichts daran, dass du der Hexe aus dem Lebkuchenhaus, nun von Angesicht zu Angesicht gegenüberstehst. Das ist das Ziel. Nichts anderes. Die Hexe finden. Punkt. Was du mit ihr anfängst, ist eine andere Frage.

»**Warum** kaufst du nicht mehr regionale Produkte, wenn dir die Umwelt wichtig ist?«
»Ich würde ja häufiger regionale Produkte einkaufen, aber ich kann mir die hohen Preise nicht leisten.«

Wie du die Informationen aus deinem Interview nutzt, ist der nächste Schritt. Ob du die Hexe verbrennst, oder sie zur guten Fee erklärst, hängt von deinen Zielen ab. Erst die Sache mit dem Erfolg zeigt uns, wie weit die Lücke zwischen »Wer bin ich?« und »Wer will ich sein?« aufklafft. Mehr Geld verdienen, um öfter regionale Produkte kaufen zu können? An anderer Stelle Geld einsparen, um mehr für gute Lebensmittel ausgeben zu können?

»**Warum** sparst du nicht an anderer Stelle Geld ein, um häufiger umweltbewusst und regional einkaufen zu können?« *»Ich würde ja gerne Geld einsparen, aber ich will bei meinen Ausgaben für Kleidung und Elektronik keine Abstriche machen.«*

Eine ehrliche Antwort. Gut gemacht! Wie du deine Selbsterkenntnis einordnest und nutzt, ist nicht Teil der Ursprungsfrage nach dir selbst. Erst deine Definition von Erfolg zeigt dir, ob der Kauf regionaler Lebensmittel dein Konsumverhalten stärker beeinflussen sollte, als das Tragen von Markenkleidung. Für den Moment steht lediglich fest, dass du anscheinend lieber Geld für Burberry als für Blaubeeren ausgibst. Du weißt wo du stehst und in was für einen Menschen dich deine Gewohnheiten geformt haben. Das Gefühl, das dir diese Selbsterkenntnis gibt, ist jedoch bereits maßgeblich endscheidend dafür, ob du Veränderungen brauchst, um deinen Seelenfrieden zu finden, oder ob du mit dir selbst bereits zufrieden bist. Sobald du weißt, wer du bist, findet sich die Antwort darauf in deinen Gefühlen.

Auf dem Weg zu dir selbst wirst du Unangenehmes, aber auch sehr viele Schönes erfahren. Du musst über deinen Schatten springen und dich selbst in all deinen Facetten begutachten. So lernst du dich nicht nur besser kennen, sondern auch deine Makel zu akzeptieren. Sei freundlich aber bestimmt zu dir selbst, denn dein Ego versucht gerne Fragen auszuweichen und durch die Hintertür zurück in die Komfortzone zu gelangen. Es will dich eigentlich nur beschützen und glücklich machen. Es will, dass es dir gut geht und erschafft deshalb eine Vorstellung der Welt und von dir selbst, die zwar nicht ganz real ist, sich aber gut anfühlt. Du musst dir und deinem Ego in den Arsch treten, um voranzukommen, dafür aber nicht gleich die Stahlkappenschuhe aus dem Schrank holen. Versuche es erstmal mit einem leichten Stupser und schau was passiert. Übertriebene Härte dir selbst gegenüber sorgt nur für Verdrängung und Kummer.

Gib der Sache eine Chance. Manche Fragen werden dir unwichtig erscheinen, weil du dir nicht vorstellen kannst, dass die Antworten dich näher zu dir selbst führen können. Das Warum führt jedoch oft zu Aha-Momenten, die du vorher nicht für möglich gehalten hättest. Nach ein paar Tagen wirst du schon Dinge herausgefunden haben, die dir ganz neu und aufregend vorkommen werden. Vielleicht ist auch schon die entscheidende Information mit dabei, die deinem Verstand und vor allem deiner Seele zur Ruhe verhelfen. Schreckst du weder vor den guten, noch vor den schmutzigen Details deiner selbst zurück, siehst du beim Blick in den Spiegel bald einen anderen, sehr vertrauten Menschen.

Der einzig wahre Fehler, den du jetzt noch machen kannst, ist es zu glauben, dass es ausreicht, dein Interview nur ein einziges Mal zu führen. Unser Umfeld, unsere Gedanken und Gewohnheiten ändern sich immer wieder. Damit ändern sich auch die Antworten auf unsere Fragen. Wer sich nicht immer wieder selbst neu kennenlernt, der läuft Gefahr, sich immer wieder selbst zu verlieren und ein Leben zu führen, das sich im Kreis dreht.

Der Alltagstrubel lässt uns oft blind werden, für das was offensichtlich ist. In unseren Aktionen und Reaktionen auf kleine, scheinbar unwichtige Ereignisse des täglichen Lebens steckt aber so viel Wahrheit. Wir schaffen es jedoch nur selten, unsere Aufmerksamkeit in den entscheidenden Momenten auf uns zu richten und nachzufragen: »Moment mal, … was tue ich da gerade?«

Würde man dich den ganzen Tag mit versteckter Kamera begleiten, und dir anschließend die Aufnahmen präsentieren, du wärst geschockt. »Das bin ich?!«, oder eher »Das bin doch nicht ich!?« Deine Eigenwahrnehmung ist meistens stark verzerrt. Du denkst, dass du so und so bist, verhältst dich aber ganz anders und merkst es nicht einmal. Die Flut an Sinneseindrücken, die uns ständig umgibt, macht es schwer klar zu sehen und dann kommt auch noch unser Ego daher und lullt uns ein. Kein Wunder also, dass keiner weiß, wer er wirklich ist. In all dem Chaos ist es fast unmöglich sich selbst zu erkennen, wenn man sich nicht regelmäßig mit dem eigenen Charakter auseinandersetzt. Mach es zur Gewohnheit!

Du weißt nun wo du stehst und kannst die neu gewonnene Selbsterkenntnis als Startpunkt für deinen Weg zum Glück nutzen. Zeit also ein Ziel festzulegen und den mächtigen Autopiloten der Gewohnheiten darauf zu programmieren. Nun darfst du dich der Frage widmen, die schon die ganze Zeit im Hinterkopf auf ihren Einsatz wartet. Auf »Wer bin ich?« folgt »Wer will ich sein?« Die Sache mit dem Erfolg.

Die Sache mit dem Erfolg ...

Was ist Erfolg? Eine Frage mit unendlich vielen Antwortmöglichkeiten. Die Wünsche und Vorstellungen, Gefühle und Fantasien, die mit dem Wort Erfolg verknüpft sind, malen uns ein Bild des Lebens, das schöner kaum sein könnte.

Die Suche nach Sinn und Erfüllung sollte früher oder später in einer klaren Vorstellung dessen enden, was Erfolg den Einzelnen bedeutet. Doch obwohl wir die Erfolgsfrage in Hinsicht auf unser eigenes Leben stellen, sind die Antworten darauf oftmals allgemein und relativ austauschbar. Jeder möchte sein Glück in die eigene Hand nehmen und den Weg dorthin selbst gestalten. Auf der Suche nach Antworten und Inspiration, orientieren wir uns jedoch zu wenig an uns selbst und zu viel an den Erfolgsbildern, die andere für sich gezeichnet haben. Unser Bild ist und bleibt ein Unikat, verkommt jedoch zu einem Plagiatsversuch. Dem persönlichen Verständnis von Erfolg mangelt es an kreativer Eigenleistung. Man kann und muss das Rad nicht neu erfinden. Damit die Antworten auf die Frage »Was ist Erfolg?« dem Fragesteller jedoch gerecht werden, bedarf es einer eigenen Neuinterpretation des Begriffs. Erfolg ist eine Kunst und Kunst ist eben Geschmackssache.

Wir alle leben in einem Mikrokosmos. Einer *Bubble,* in der ein trügerischer Konsens darüber vorhanden ist, was gut und schlecht bedeutet. Die Einordnung von Begriffen wie normal und abartig, erfolgreich und nicht erfolgreich, ist ein Produkt unserer Umwelt und kein absolutes, end- und allgemeingültiges Maß der Dinge. Unser persönlicher und kultureller Hintergrund, kindliche Prägungen, materielles und mediales

Konsumverhalten, sowie viele andere Faktoren, beeinflussen, was unserer Meinung nach gut, normal und erfolgreich zu sein scheint. Größtenteils unbewusst, prägt unser Umfeld so unsere Definition von Erfolg und diese wiederum uns selbst. Die Bubble, aus der wir unsere Wertvorstellungen und Ideale beziehen, ist ein vielschichtiges Konstrukt. In ihrem innersten stehen wir selbst, mit unseren ureigenen Eigenschaften, Bedürfnissen und Wesenszügen. Genau dort liegen die Antworten, die für unsere Suche nach Erfolg am aufschlussreichsten sind. Diese innerste, intime Bubble, ist Bestandteil einer weiteren, etwas größeren Blase. Für die meisten Menschen besteht diese nächstgrößere Sphäre aus der eigenen Familie und dem engsten Freundeskreis. Lebensstile und Ziele, die in diesem Kosmos vorhanden sind, decken sich in vielen Bereichen mit unseren eigenen, doch es gibt bereits erste Unterschiede. Je weiter man die Zwiebel abschält, desto allgemeiner werden die Einflüsse, die Einzug in unsere Lebensrealität finden. Religion, Staat und Geschlecht gehören zu den größten Subkulturen innerhalb der menschlichen Zivilisation. Die größten Bubbles, zu denen wir eine Verbundenheit spüren.

Die Frage »Was ist Erfolg?«, ist deshalb so irreführend, weil sie uns nicht sagt, in welcher Bubble wir nach Antworten suchen sollen. Sie impliziert, dass es eine allgemeine Antwort gäbe. In Folge dessen beziehen wir Faktoren in unsere Antworten mit ein, die so allgemein und austauschbar sind, dass sie uns selbst und den Bedürfnissen unseres Wesenskerns kaum noch gerecht werden. Geschlechteridentität, Patriotismus und Glaube, können Teil der innersten Schicht unseres Seins sein. Sie können Sinn stiften und uns zeigen was in unserem Leben wirklich wichtig ist. Wenn wir uns jedoch kaum mit der eigenen Nationalität, einer Religion oder einem bestimmten Geschlecht identifizieren, sollten wir auch nicht gewohnheitsmäßig und kritiklos die Ideale dieser Bubbles übernehmen. Umso tiefer wir bei der Suche nach Erfolg nach innen blicken, desto eher werden die Antworten uns selbst gerecht. Eine banale Umformulierung der Ausgangsfrage kann uns dabei helfen, eine andere, nützlichere Perspektive einzunehmen und den Fokus auf uns selbst zu richten. Ein Wort mehr in der Fragestellung, macht all den Unterschied in *deiner* Welt.

Die Sache mit deinem Erfolg ist folgende …

Was ist dein Erfolg? Frau und Kinder? Ein Haus im Grünen oder ein Single-Appartement über den Dächern der Stadt? Ein Hund, zwei Hunde, Hundezucht? Bestimmt hast du direkt Bilder im Kopf, die dich deiner Definition von Erfolg näher bringen. Gehe dabei von innen nach außen vor. Die innerste Bubble gibt den Ton an, die äußeren Schichten sind der Lebensstil und die Rahmenbedingungen, die zu dir und deinen Wünschen passen. Um zu überprüfen, ob deine Vorstellungen von Erfolg tatsächlich mit deinem Wesenskern und deinen innersten Bedürfnissen harmonieren, brauchst du nur wieder dieses eine Wort. *Warum.*

Hier schließt sich der Kreis zur Sache mit der Selbstfindung. Die Frage nach dem »Warum?« führt dich knallhart bis in die hintersten Winkel deiner Persönlichkeit und zeigt dir auf dem Weg dorthin, was Erfolg wirklich bedeutet. Wenn du weißt wer du bist und wie deine innerste Bubble aussieht, findet sich der dazu passende Lebensstil fast von alleine. Erfolg wird zur logischen Konsequenz, wenn du lebst wer du bist. Du kannst dir Selbstfindung und Erfolg als eine Ursache-Wirkungs-Kette vorstellen. Das Eine führt zum anderen und so wie du dich als Mensch veränderst, verändern sich auch deine Ziele und Wünsche. Du musst achtsam bleiben und regelmäßig ein kritisches *Warum* einwerfen. Warum tue ich das? Warum will ich das? Warum bin ich immer noch nicht zufrieden? Auf diese Art und Weise merkst du rechtzeitig, wenn deine Lebensumstände nicht mehr zu deinem Inneren passen. Du kannst gegensteuern und eine Kurskorrektur vornehmen, bevor aus fehlgeleitetem Verhalten, schädliche Gewohnheiten entstehen, die sich zwar oberflächlich gut anfühlen, dich aber immer weiter von dir selbst entfremden.

Neben der Sache mit der Selbstfindung, ist Achtsamkeit die zweite entscheidende Komponente, die wir brauchen um ein erfolgreiches Leben zu führen. Die Suche nach Erfolg verkommt schnell zu einer sprichwörtlichen Jagd und reißt unsere Aufmerksamkeit ungehalten mit sich. Statt den Erfolg im Hier und Jetzt zu finden, projizieren wir unsere Wünsche in die Zukunft und machen Erfolg zu einer Sache, die überall zu finden ist, nur nicht in der Gegenwart. Wieder einmal wird das Leben zu einer Wenn-Dann-Funktion. Wir sehen nur Gleichungen, die noch nicht erfüllt sind und werden blind für alles, was wir bereits erreicht haben. Die anvisierten Ziele strahlen uns verheißungsvoll aus der Zukunft entgegen und wir verhalten uns wie Mücken, die dem Licht entgegenfliegen. »Wenn ich endlich da bin, werde ich glücklich sein!« Das Leben wird zu einer surrealen Vision, einer selbsterzählten Märchengesichte, die abseits der Realität spielt. Wir leben nicht mehr im Hier und Jetzt, sondern in der Hoffnung auf ein Happy End. Gegenwart und Realität werden so zu einer Durchgangsstation. Ein notwendiges Übel, das ertragen werden muss, um dem erlösenden Erfolg ein Stück näher zu kommen. Du verschenkst deine Existenz für eine Zukunft, die dich irgendwann einmal zufriedenstellen könnte. Ein trauriges Glücksspiel mit deiner Lebenszeit. Und wenn Sie nicht gestorben sind, dann träumen sie noch heute.

Achtsamkeit für die Gegenwart lässt uns erkennen, dass zwischen »Wer bin ich?« und »Wer will ich sein?«, keine großen Unterschiede liegen müssen. Dankbarkeit und Zufriedenheit stellen sich ein, wenn man im Hier und Jetzt verweilt und die eigene Lebensfreude nicht an unnötig viele Ziele und Ereignisse knüpft. Wer seinen Erfolg in sich selbst sucht, Tugenden pflegt und daran arbeitet jeden Tag ein bisschen achtsamer mit dem eigenen Leben umzugehen, der macht den Weg zum Ziel und wird selbst zur Erfolgsgeschichte. Hast du es geschafft, in der innersten Bubble die Eckpunkte deines Erfolgs zu identifizieren, lässt sich diese Definition anschließend in zwei Kategorien unterteilen.

Kategorie eins sind die externen Erfolgsfaktoren. Neben materiellen Dingen wie Autos, Häusern, Edel- und Legosteinen, sind auch Hobbys, Reisen, Gesundheit und sogar Zeit, weitere prominente Vertreter dieser Gruppe.

Kategorie zwei sind Tugenden. Die internen Erfolgsfaktoren. Gelassenheit, Geduld, Achtsamkeit, Großzügigkeit, Klugheit, Tapferkeit, Bescheidenheit ... Wenn du im stillen Kämmerlein die Gedanken kreisen lässt und über deine Definition von Erfolg nachdenkst, geht es dabei wahrscheinlich zu einem sehr großen Teil um Dinge der Kategorie eins. Gehören externe Faktoren, wie finanzieller Reichtum zu deinen Zielen, können interne Faktoren wie Geduld und Disziplin dir dabei helfen, diese Dinge zu erreichen.

Externe Erfolge sind Ziele im klassischen Sinn. Sie sind relativ klar definier- und erreichbar. Sie sind abhängig von unserem eigenen Verhalten, aber auch von äußeren Umständen, auf die wir teilweise keinen Einfluss nehmen können. Interne Erfolge sind hingegen Verhaltensmuster, die man zu Zielen erklärt. Schwer greifbar und nur dann erreichbar, wenn man sie aktiv tut. Interne Erfolgsfaktoren entstehen aus uns selbst heraus und sind primär von einer bestimmten Sache abhängig. Unserer Einstellung.

Lebensumstände, die Leute mit denen wir uns umgeben und die Informationen die auf uns einprasseln, können wir uns zwar nicht immer aussuchen, doch wir können entscheiden, wie wir mit ihnen umgehen. Das ist der Kern der internen Erfolgsfaktoren. Sie liegen zu einhundert Prozent in unserer Hand.

Die eigenen Träume und Wünsche an Bedingungen zu knüpfen, die zu einem erheblichen Teil nicht im eigenen Einflussbereich liegen, ist ein sicherer Weg ins Unglück. Früher oder später schüttelt uns das Leben ordentlich durch und reißt alles ein, was wir uns so mühselig aufgebaut haben. Das Einzige was übrig bleibt, sind die Dinge, die wir in uns tragen. Die Erfolge der Kategorie zwei. Der einzige Reichtum, den uns niemand nehmen kann. Tugenden lassen den Weg tatsächlich zum Ziel werden. Du wünscht dir eine liebevolle und intakte Familie? Wäre es dann nicht sinnvoll sich zu fragen, welche Tugenden und Charaktereigenschaften man pflegen sollte, um diesem Ziel näherzukommen? Man fängt an die zuträglichen Verhaltensmuster zu kultivieren und beginnt so seinen Träumen entgegen zu leben. Die Sache mit den Gewohnheiten hilft uns dabei auf dem Weg zum Erfolg den Autopiloten anzuschmeißen, nachdem die Sache mit der Disziplin den Stein ins Rollen gebracht hat.

Interne und externe Faktoren sind untrennbar miteinander verbunden, doch die Wirkung entfaltet sich, wie bei unseren Bubbles, vor allem von innen nach außen. Interne Faktoren sind nicht bloß Hilfsmittel auf dem Weg zum Glück, sie sind der Weg. Sie fixieren deine Achtsamkeit in der Gegenwart, denn du musst deine Erfolge leben, Tag für Tag aufs Neue. Externe Erfolge werden ein Nebenprodukt deiner Tugenden, ein netter Bonus, den du auf deiner Erfolgsreise mitnimmst. Und wenn sie nicht gestorben sind, dann lächeln sie noch heute. Ein weißer Mensch ist dankbar für das was er hat, selbst wenn es nicht viel ist. Das Glück weicht nie lange von seiner Seite, denn egal wie grau der Himmel auch sein mag, er selbst ist die Sonne. Tugenden machen dich zum Erfolg und andere Menschen werden zu dir kommen, wie die Mücken zum Licht.

Wer wollen wir also lieber sein? Ein Mensch der viel hat, viel braucht und vielleicht trotzdem keine Erfüllung findet, oder jemand der den Erfolg in sich trägt? Innerer und äußerer Erfolg schließen sich nicht gegenseitig aus, doch wir sollten wissen, wo unsere Prioritäten liegen.

Die Sache mit dem Erfolg, ist an dieser Stelle aber noch nicht zu Ende erzählt. Wer Ziele hat, der muss auch wissen, wo die Ziellinie ist. Im Streben nach Erfolg, vergessen wir oft unseren Erfolg auch messbar zu machen.

Du willst finanziell frei sein, aber wie frei ist frei genug? Bedeutet Freiheit für dich 100.000 Euro auf dem Konto zu haben, oder doch lieber noch eine Null mehr hinten dran? Wie viel? Mehr!

Der Wunsch nach mehr Geld ist unvollständig, wenn du nicht weißt wann dein Ziel erreicht hast. Es folgt, dass die Jagd nach dem Reichtum nie endet. Höchstens in einem Burnout.

Samy Deluxe bringt es in seinem Song – Haus am Mehr, auf den Punkt:

Mehr Zeit, mehr Glück, mehr Liebe
mehr Fans, mehr Fame, mehr Ziele
Ich hab schon viel, doch brauch noch mehr
Ich will kein Haus am See, ich will ein Haus am Mehr

Geld ist ein einfaches und plakatives Beispiel, da finanzieller Erfolg genau messbar ist. Du willst Millionär werden und siehst beim Blick auf den Kontoauszug eine Eins mit sechs Nullen? Herzlichen Glückwunsch, Ziel erreicht; vorausgesetzt vor der Eins steht kein Minus. An dieser Stelle macht es Sinn inne zu halten und sich bewusst zu werden, dass alles was jetzt noch dazukommt MEHR ist. Mehr, aber nicht zwangsläufig besser. Wer nicht weiß, wann MEHR endlich GENUG ist, verliert die Kontrolle über seine Ziele. Nicht du hast dein Ziel in der Hand, sondern dein Ziel dich. Andere Vorhaben leiden genauso unter dem Problem der Maßlosigkeit, sind gleichzeitig aber viel schwerer zu bemessen. Vor allem die internen Erfolgsfaktoren sind schwer skalierbar. Du willst gelassener sein? Wunderbar, aber wie gelassen ist gelassen genug? Hier ist es schwierig das richtige Maß zu finden, da wir keinen »Kontoauszug der Tugenden« ausdrucken können, der uns zeigt wo wir stehen und wie viel bis zum Ziel noch fehlt. Gelassenheit ist eine Tugend, aber zu viel Gelassenheit kann in einer antriebslosen »Scheiß auf alles Einstellung« münden, die dafür sorgt, dass man im Leben unmotiviert vor sich hin-treibt. Wie verhält es sich mit Freundlichkeit? Wie findet man das richtige Maß für etwas, dass sich objektiven Maßstäben entzieht und nicht gemessen, sondern nur gefühlt werden kann? Die Antwort darauf kennen wir bereits. Achtsam auskosten und nutzen was man bereits hat. Ist man dann immer noch unzufrieden, fragt man sich »Warum?« und geht einen kleinen Schritt weiter. Das Leben ist ohnehin schon kompliziert genug. Mit zu vielen Fragen treiben wir uns selbst nur noch mehr in den Wahnsinn. Ein bisschen Achtsamkeit und ein ehrliches »Warum?« reichen, um unsere Wünsche ins rechte Licht zu rücken. Überdenke nochmal, was Erfolg wirklich bedeutet und wie viel du wirklich brauchst, um glücklich zu sein. Vielleicht merkst du dann, dass weniger tatsächlich mehr ist. Weniger von allem bedeutet nämlich mehr von der einen Sache, die wir andernfalls für immer verlieren. Zeit.

Vergiss nicht, Glück ist der gemeinsame Nenner! Geld, Familie, Liebe und Legosteine sollen dich dorthin führen. Hinter all deinen Plänen und Erfolgen, steht immer dieses eine finale Ziel.

Die wahre Kunst liegt darin, deine Ziele so zu formulieren, dass der Weg tatsächlich zum Ziel wird. Es gibt kein zu viel, oder zu wenig. Kein zu gut, oder zu schlecht, wenn du etwas einfach deshalb tust, weil es dir Freude bereitet. Erfolg ist dann kein Ziel mehr, sondern du bist bereits erfolgreich, weil du tust was du liebst. Haben wir das verstanden, dann ist auch der Kontostand kein Erfolgsfaktor mehr, sondern einfach nur eine Zahl. Wir machen Sport, weil es sich gut anfühlt unseren Körper zu bewegen, nicht weil wir ein Sixpack oder eine Strandfigur haben müssen. Finde dich selbst, arbeite an dir selbst und der Rest ergibt sich von selbst. Glück ist das Ziel, Glück wird zum Weg. Und keine Sorge, wenn du dich auf der Suche nach dem richtigen Weg bisher ein paar

Mal im Kreis gedreht hast. Das ist kein Problem, sondern eine Pirouette. Nach einigen Umdrehungen wird einem zwar ein bisschen schwindlig, aber deswegen musst du nicht gleich in Panik geraten. Wir alle stolpern hin und wieder betrunken und ohne Orientierung durchs Leben. Wichtig ist nur, dass du dich immer wieder mit einem achtsamen *Warum* daran erinnerst, was wirklich zählt.

Die Sache mit der Disziplin ...

Auf dem Weg zum Erfolg haben wir zwei Möglichkeiten. Entweder legen wir unser Schicksal in die Hände des Zufalls und hoffen, dass Fortuna es gut mit uns meint, oder wir krempeln die Ärmel hoch und schmieden unser Glück selbst. Wer erfolgreich sein will, muss sich beherrschen können, oder ein paar verdammt gute Glücksbringer in der Hosentasche haben. Unsere Wünsche zu realisieren ist oftmals weniger kompliziert, als wir anfangs fürchten. Manchmal ist es sogar lächerlich simpel! Was zwischen uns und unseren Träumen steht, ist in den meisten Fällen nur etwas Zeit und viel harte Arbeit. Der Job als Glückschmied ist anstrengend, aber kein Hexenwerk.

Angefangen bei Pflichten des Alltags, bis hin zu großen Lebenszielen. Immer wieder müssen wir die Arschbacken zusammenkneifen und unsere kurzfristigen Gelüste, zum Wohle des großen Ganzen hinten anstellen. Ob uns das gelingt und wie lange wir durchhalten, ist von unserem Umgang mit einer der kostbarsten Ressourcen der Menschheit abhängig. Disziplin. Ohne sie werden wir es im Leben sehr schwer haben, unsere Ziele und Träume zu verwirklichen. Doch zum Glück braucht die Sache mit der Disziplin gar nicht so viel Willenskraft, wie man denkt.

Die Sache mit der Disziplin ist folgende ...

Disziplin ist die Kraft zur Entscheidung, gegen kurzfristiges Vergnügen und für die Hoffnung auf ein größeres Glück. Diese Qual der Wahl ist erschöpfend und führt dazu, dass wir mit dem Begriff Willenskraft ein Gefühl von Entbehrung und Opferbereitschaft verbinden. Es ist dieser innere Kampf, den wir immer wieder ausfechten müssen, um trotz aller Anstrengungen unseren Zielen treu zu bleiben. Knicken wir ein, sodass unser akutes Verlangen die Oberhand gewinnt, verstärkt sich der Eindruck, dass Disziplin eine leidvolle Tugend ist. Entscheiden wir uns jedoch gegen Ben & Jerrys und für das zukünftige Six-Pack, so fühlt sich Disziplin an wie unsere Superkraft.

Diese Superkraft ist glücklicherweise eine Fähigkeit, die wir trainieren können! So wie die meisten anderen Tugenden auch, lässt sie sich systematisch kultivieren. Doch dafür müssen wir uns zunächst von den negativen Gefühlen verabschieden, die mit dem Wort Disziplin nachhängen. Beherrschung ist nur dann hart und anstrengend, wenn wir versuchen sie zu erzwingen und als ein notwendiges Übel auf unserem Weg zum Erfolg betrachten. Haben wir hingegen ihren Zweck, als Starthilfe unserer Gewohnheiten, verstanden, wird Willenskraft um einiges einfacher. Kein qualvolles Aufbäumen gegen die eigenen Triebe und Gelüste, sondern eine praktische Erleichterung auf dem Weg zu mehr Lebensfreude und Glück. Einsicht ist der erste Schritt zur Besserung. So auch in Sachen Disziplin. Die Erkenntnis über ihre wahre Natur und die Tatsache, dass es gar nicht so schwer ist Disziplin aufzubauen, führt bereits zu einem konstruktiven Perspektivwechsel. Der Job als Glücksschmied ist zwar hart und wird es auch immer bleiben, doch es liegt in unserer Hand, ob wir rumheulen und die Sache dadurch schlimmer machen, als sie eigentlich ist. Es ist Übungssache! Der Meister mit dreißig Jahren Berufserfahrung tut sich leichter, als der Azubi im ersten Lehrjahr. Mit Glück und Disziplin ist es nicht anders.

Um sich Willenskraft anzueignen, braucht man glücklicherweise gar nicht so viel Disziplin. Jeden Tag bieten sich uns viele kleine Möglichkeiten, die wir nutzen können, um diese Superkraft zu trainieren und ihr ein positives Image zu verpassen. Als ehemaliger Elitesoldat und Navy Seal Kommandant, weiß Admiral William H. McRaven eine ganze Menge über Willenskraft und Selbstbeherrschung. Fähigkeiten, die über Jahrzehnte hinweg essentiell für sein Leben und Überleben waren. Sein Ratschlag, wie diese Tugenden für uns alle greifbar werden, schockiert geradezu durch Einfachheit und puren Pragmatismus:

»Willst du die Welt verändern, beginne damit dein Bett zu machen.«

Wer sich Tag für Tag bei den kleinen Gelegenheiten in Disziplin übt, macht Disziplin zum Selbstläufer. Mit jedem Mal wird es leichter, bis es irgendwann kaum noch Überwindung kostet. Die Sache mit der Gewohnheit. So ändert sich auch unsere Einstellung, denn wir erleben regelmäßig, wie einfach und befriedigend es sein kann, Dinge einfach durchzuziehen. Die Qual der Wahl ist oftmals schlimmer, als die Qual selbst. Haben wir dem inneren Schweinehund erstmal Beine gemacht, rennt er fast von alleine. Fang an und hör nicht auf, bevor du es geschafft hast. Bett machen, Abspülen, Staub saugen, etc. Es geht dabei nicht um die Sache selbst, sondern um das reine Tun. Unser Haushalt ist ein Disziplin-Fitnessstudio! Durch das Anfangen und zu Ende bringen, kleiner unliebsamer Aufgaben, vergrößert sich deine Fähigkeit zur Disziplin. Gleichzeitig sparst du im Laufe der Zeit zunehmend Willenskraft, weil dir viele Routinetätigkeiten in Fleisch und Blut übergehen. Gewohnheiten die dank des Autopiloten kaum noch Disziplin benötigen. Energie zur

Selbstbeherrschung und Hartnäckigkeit, bleiben dir für die wichtigen Bereiche deines Lebens erhalten. Du kannst deine wachsende Kraft nun nutzen, um dort durchzupowern, wo es wirklich notwendig ist. Wenn dich jedoch bereits die Ordnung in deinen eigenen vier Wänden an die Grenze deiner Willenskraft bringt, ist es kein Wunder, das Disziplin für dich bisher ein verhasstes Thema und keine nützliche Waffe war. Du hast noch nicht gelernt sie dir schrittweise anzueignen und nutzbar zu machen.

Wer als Anfänger, mit ein paar Kilogramm zu viel auf der Waage, das erste Mal ein Fitnessstudio betritt und sich umringt siehst von breiten Rücken und straffen Beinen, der gelangt schnell zu der Überzeugung, dass diese durchtrainierten Sportler deutlich mehr Disziplin besitzen, als man selbst. Doch in Wahrheit benötigen die Halbgöttinnen und Halbgötter auf der Trainingsfläche viel weniger Disziplin, um sich aufzuraffen vier, fünf oder sechs Mal pro Sport zu treiben, als der Grünschnabel, für den sich schon eine Einheit anfühlt wie eine Everest-Besteigung. Fortgeschrittene und Profis haben den sportlichen Lebensstil bereits so sehr verinnerlicht, dass es ihnen oft schwerer fällt an einem trainingsfreien Tag die Füße still zu halten, als täglich wie gewohnt den Gang ins Studio anzutreten. Ein Mindestmaß an Disziplin ist natürlich immer notwendig, um in Bewegung zu kommen und beinahe täglich die Sportschuhe zu schnüren. Doch umso mehr Fahrt man bereits aufgenommen hast, desto leichter fällt es auch, das Verhalten trotz gelegentlicher Widerstände beizubehalten. Die Disziplin, die Leistungssportler aufbringen müssen, um immer und immer wieder an ihre Grenzen zu gehen, und das teilweise sogar mehrmals täglich, ist beeindruckend! Diese Willenskraft ist aber nicht reine Veranlagung, sondern genauso antrainiert, wie der Körper, der letzten Endes die Leistung erbringt. Das hohe Trainingspensum ist und bleibt anstrengend, wird nach und nach aber zur Gewohnheit. In der Off-Season kürzer zu treten, fällt vielen Profisportlern deswegen tatsächlich sehr schwer. Wohin mit der ganzen Zeit und überschüssigen Energie? Es ist unangenehmer mit der Gewohnheit zu brechen, als die Sache einfach weiterhin durchzuziehen. Schaffen wir es, den kritischen Punkt zu überwinden, an dem Verhalten zur Gewohnheit wird, brauchen wir immer weniger Disziplin und Energie, für die Aufgaben unseres Lebens. Die Everest-Besteigung wird zur täglichen Routine und vielleicht sogar zu einem Hobby. Wir sollten uns nicht der Illusion hingeben, dass daraus jemals ein müheloser Sonntagsspaziergang wird, doch umso öfter wir den Weg gehen, desto weniger fürchten wir uns vor ihm. Wir hören auf zu zögern, weil wir uns daran gewöhnt haben den ersten Schritt zu machen. Immer und immer wieder. Auch wenn es anstrengend ist und bleibt, schreckt uns der Aufwand nicht mehr ab, denn *anstrengend* und *unangenehm*, sind nicht ein und dasselbe. Nur zu Beginn einer neuen Gewohnheit fühlt es sich so an. Anfangs ist das Training im Fitnessstudio verdammt anstrengend und sehr unangenehm. Die Anstrengung wird auch nach Wochen und Monaten noch spürbar sein, da wir im Laufe unserer Trainingskarriere die Widerstände an unseren stärker werdenden Körper anpassen. Das unangenehme Gefühl und innere Ringen, das zu Beginn fester Bestandteil jeder Trainingseinheit war, schwindet mit der Zeit zunehmend. Im Leben ist es nicht anders. Anstrengend ja, aber man gewöhnt sich daran.

Der besagte Punkt, an dem die Disziplin von unserer Gewohnheit »abgelöst« wird, ist jedoch weniger ein Punkt, als vielmehr eine sehr verschwommene Linie. Der Übergang ist fließend, nicht sprunghaft. Die Sache mit der Disziplin und die Sache mit den Gewohnheiten, sind eng miteinander verbunden. Auf dem Weg zum Erfolg brauchen wir sie beide. Zuerst mehr das Eine, dann das Andere.

Aber da ist noch eine weitere Sache! Viel Disziplin kann auch ein Warnsignal sein. Ein Zeichen, dass wir auf dem Weg zum Erfolg, falsch abgebogen sind. Tätigkeiten, die anstrengend und unangenehm sind, die uns viel Zeit und noch mehr Nerven rauben, brauchen jede Menge Disziplin. Die Rede ist von Dingen, bei denen man eigentlich nur laut: »Ach f*** dich doch und geh sterben!« schreien will. Viele Pflichten des Alltags wie Klo putzen oder Haare aus dem Abfluss entfernen, fallen für uns in diese Kategorie. Wir kommen nicht daran vorbei uns gelegentlich mit ihnen auseinanderzusetzen, aber Spaß hat daran keiner so wirklich. Auf der anderen Seite gibt es Dinge, die uns regelmäßig in den Wahnsinn treiben, die wir aber trotzdem, immer und immer wieder tun. Wir schreien: »Ach f*** dich doch und geh sterben!« und haben dabei ein Lächeln im Gesicht.

Für manch Außenstehenden mag es aussehen, wie pure Folter, wenn 22 Männer, von denen anscheinend jeder zweite ein aggressiver Hypochonder mit extrem kurzer Zündschnur zu sein scheint, neunzig Minuten lang einem Ball hinterher rennen. Auch die Fans schauen oftmals alles andere als glücklich aus, wenn ihre Lieblingsmannschaft wieder einmal nicht das gewünschte Ergebnis abliefert. Nichts desto trotz ist diese *Leiden-schafft*, für Spieler und Zuschauer gleichermaßen, die zweit schönste Sache der Welt. Auch wenn sie nicht selbst zwanzig Millionen Euro im Jahr damit verdienen, das Runde ins Eckige zu befördern, teilen trotzdem Millionen von Menschen die Freude an diesem fragwürdigen Vergnügen.

Situationen, die im Einklang mit unseren Neigungen, Werten und Idealen stehen, können noch so anstrengend und nervenaufreibend sein, wir geben uns ihnen trotzdem gerne hin. Man spricht von einer intrinsischen Motivation, wenn zur Durchführung einer Handlung, kein Anreiz mehr geschaffen werden muss. Die notwendige Disziplin ist sehr gering, denn die Handlung selbst ist die Belohnung. Oder die Kurzfassung: »Warum? Weil's geil ist!«

Diese Art der Motivation ermöglicht es Menschen unglaubliches zu vollbringen, ohne dabei auszubrennen oder an ehrgeizigen Vorhaben zu zerbrechen. Wenn es sein muss, geht man mit einem Lächeln durch die Hölle, denn die Sache selbst gibt einem so viel zurück, dass das Ergebnis zweitrangig ist. Selbst wenn wir scheitern, würden wir es wieder tun! Und wieder und wieder …

Die Leichtigkeit des Seins entfaltet sich am besten, wenn wir einer Tätigkeit nachgehen, die wir einfach gerne tun, egal was am Ende dabei rauskommt. In jedem Lebensbereich eine solch starke und rein intrinsische Motivation aufzubauen, ist natürlich unrealistisch. Manche Pflichten bleiben Pflichten und wir werden nie alles lieben, was wir tagtäglich zu erledigen haben. Und falls doch, sind wahrscheinlich Drogen im Spiel. Besteht unser Leben jedoch zu einem Großteil aus Aufgaben, die uns viel Disziplin abverlangen, gleichzeitig aber keine Freude bereiten, ist es nur eine Frage der Zeit, bis wir schreien: »Ach f*** dich doch und geh sterben!«, es dann aber auch todernst meinen. Immer mehr Menschen erleiden einen Burnout, weil sie arbeiten und dabei weder Sinn, noch Erfüllung, in ihrer Tätigkeit erleben. Der Geldbeutel profitiert vielleicht von der gutbürgerlichen Arbeitsmoral, doch wenn der Stresspegel noch schneller steigt als der Kontostand, ist der Kollaps nur eine Frage der Zeit. Stress und Leidenschaft sind zwei Seiten derselben Medaille. Wenig Stress, viel Leidenschaft, bedeutet, dass kaum Disziplin notwendig ist, um am Ball zu bleiben. Anders herum, naja: »Ach f*** …«

Um dem Ausbrennen vorzubeugen ist es wichtig zu verstehen, dass Disziplin eine endliche Ressource ist. Wird Willenskraft nicht durch ein Minimum an Leidenschaft genährt, so gleicht unser Verhalten einem Strohfeuer, das kurz und heiß auflodert, dann jedoch ebenso schnell wieder erlischt. Ausreichend für kleine Alltagspflichten, aber ineffektiv und geradezu selbstzerstörerisch für große Vorhaben und Lebensziele. Viel heiße Luft mit wenig Substanz. Egal wie groß unsere Motivation anfangs auch sein mag, nach kurzer Zeit ist von ihr kaum mehr etwas übrig, wenn wir nicht selbst für das brennen, was wir tun. Der für unseren Erfolg so entscheidende Übergang von einem durch reine Willenskraft angestoßenem Verhalten, hinzu einer sich selbst erhaltenden Gewohnheit, gelingt am besten, wenn die Sache uns Spaß macht, oder zumindest das Gefühl gibt, das Richtige zu tun. Schaffen wir es unser Verhalten so zu gestalten, dass trotz aller Anstrengungen auch die Freude am Tun nicht zu kurz kommt, dann gelingt es uns auch nachhaltig mit der kostbaren Ressource Disziplin umzugehen. Leidenschaft und Gewohnheiten helfen uns dabei weite Strecken zurückzulegen, ohne den Antrieb zu verlieren. Auch unangenehme Zeiten, mit viel Leistungsdruck und wenigen Pausen, lassen sich so besser überstehen. Unsere geistige Gesundheit und letzten Endes unsere gesamte Lebensqualität, profitiert davon, wenn wir unsere Disziplin achtsam einsetzen. Wer hingegen etwas tun muss, dass ihm nach dem hundertsten Mal immer noch genauso viel Überwindung kostet, wie zu Anfang, der sollte sich fragen, ob er nicht vielleicht in die falsche Richtung unterwegs ist. Niemand soll sich ermutigt fühlen, vorzeitig die Flinte ins Korn zur werfen. Manchmal kommt der Erfolg erst mit dem tausend und ersten Versuch. Doch wenn dieser Anlauf immer noch so viel Überwindung kostet, wie der erste, sollten die Alarmglocken läuten. In diesem Fall wird es Zeit zur Sache mit der Selbstfindung zurückzukehren. Wir müssen wieder einmal das *Warum* zu Rate ziehen und uns fragen, warum wir uns für diesen Weg entschieden haben. Wie viel Leidenschaft steckt noch in unserer Gewohnheit und viel wichtiger, tut uns dieses Verhalten überhaupt noch gut? Vielleicht ist es an der Zeit unsere Disziplin dafür einzusetzen, einer toxischen Gewohnheit den Stecker zu ziehen, die uns ansonsten per Autopilot ins Verderben stürzt. Vielleicht entdecken wir auch erneut den tieferen Sinn hinter unserem Verhalten und schaffen es so, das Feuer der Leidenschaft erneut zu entfachen. In jedem Fall schadet es nicht sich selbst und die eigenen Motive erneut zu hinterfragen, wenn man sich von Willenskraft und Motivation im Stich gelassen fühlt. Die Sache mit dem Warum.

Letzten Endes steht all unsere Disziplin unter dem Stern der Lebensfreude. Wir opfern uns selbst auf, um dem Glück einen Schritt näher zu kommen und verzichten dafür auf die ein oder andere Annehmlichkeit. Disziplin bedeutet, das kleine Glück, das wir jetzt haben könnten, zum Wohle des größeren Glücks hinten anzustellen. Doch wie uns die Sache mit dem Erfolg bereits gezeigt hat, müssen wir auch immer das richtige Maß im Auge behalten. Wir dürfen nicht zu lange zögern, das große Glück auch zu ernten, bevor die Früchte der Arbeit anfangen faulig zu werden und wir uns in der endlosen Jagd nach Erfolg verlieren. Es bedarf viel Mut und Willenskraft, den Absprung zu schaffen. Im Guten wie im Schlechten. Wenn unsere Arbeit keine Früchte mehr trägt und das Tun selbst keine Freude (mehr) bereitet, wird es Zeit die vertraute Gewohnheit einzuäschern.

Disziplin ist eine gute Sache. Eine enorm wichtige Sache. Doch wir können unsere Energie und Willenskraft erst dann richtig ausrichten, wenn wir die Sache mit der Selbstfindung, dem Erfolg und den Gewohnheiten begriffen haben. Disziplin, ist das Bindeglied zwischen alle dem. Du musst dich immer wieder liebevoll selbst hinterfragen und den Kurs deines Lebens an den neuen Antworten ausrichten. Darin steckt die wahre Disziplin des Lebens. Fehler erkennen, Fehler korrigieren und sich von Sackgassen und Umwegen nicht entmutigen lassen. Immer und immer wieder! Wie? Fang damit an dein Bett zu machen. Mach Disziplin zu einer Gewohnheit. Sei achtsam für welche Tätigkeiten und Dinge du deine Disziplin einsetzt und womöglich verschwendest. Sei sanft, aber gnadenlos im Umgang mit dir und deinen Gewohnheiten. Zögere nicht die Reisleine zu ziehen, wenn du merkst, dass dort wo ehemals Leidenschaft loderte, jetzt nur noch verbrannte Erde liegt. Selbstfindung, Disziplin, Gewohnheit, Erfolg und von vorne, immer und immer wieder, bis es zur Gewohnheit wird und kaum noch Disziplin kostet.

Die Sache mit der Authentizität ...

Es gibt einige Ratschläge, die schwierige Situationen nicht besser, sondern nur noch komplizierter machen. »*Sei einfach du selbst*!« ist einer davon. Ein gut gemeinter Satz, mit einer durchaus wertvollen Aussage. Doch gut gemeint und hilfreich, sind manchmal zwei sehr unterschiedliche Dinge.

Wir wissen, die Sache mit der Selbstfindung ist eine nie endende Reise mit immer neuen Antworten. Unser Selbst ist kein in Marmor gehauenes Denkmal, das unsere Persönlichkeit für alle Ewigkeit repräsentiert, sondern eher ein Klumpen Ton, der sich in Form und Funktion verändert. Wie soll man also einfach man selbst sein, wenn die eigene Identität eine so unbeständige Sache ist? Dein Selbst von vor einem Jahr, das von heute Morgen und das jetzt gerade eben, würden sich in ein und derselben Situation womöglich unterschiedlich verhalten. Ein Jahr Lebenserfahrung kann einen riesigen Unterschied machen, genauso wie ein Frühstück und zwei Tassen Kaffee.

Man selbst zu sein, ist eine Sache, die zu einhundert Prozent im Hier und Jetzt stattfindet. Wer man mal war, oder vielleicht irgendwann einmal sein wird, spielt keine Rolle. »Sei du selbst, so wie du gerade bist!« ist die eigentliche Aussage hinter dem Ratschlag, der uns dabei helfen soll authentisch zu sein und die richtigen Entscheidungen zu treffen. Doch selbst wenn wir uns dessen bewusst sind und bescheiden anerkennen wie wechselhaft unser Selbstbild tatsächlich ist, fällt es uns dennoch schwer diese innere Instabilität zu akzeptieren. Was folgt sind Vorwürfe von uns selbst an uns selbst, die sich damit beschäftigen jede kleine Inkonsistenz zwischen Denken und Tun auf die Goldwaage zu legen. Wir sind Kläger, Staatsanwalt und Richter in einer Person. Wir listen die Anklagepunkte auf und versuchen uns selbst davon zu überzeugen, wie schlecht, ungenügend und inkonsequent wir in unserem Handeln sind. Unser Ego nimmt in diesem Gleichnis die Rolle des Verteidigers ein. Ist es stark genug, kann es den geballten Anschuldigungen unseres Verstands mit cleveren Ausreden und einer großen Portion Ignoranz standhalten. Ob wir wirklich schuldig im Sinn der Anklage sind, oder erfolgreich von unserem Verteidiger rausgeboxt werden, sei dahingestellt. Denn genau wie bei einem echten Gerichtsprozess, gewinnt nicht immer der, der auch tatsächlich die Wahrheit sagt. Das Verfahren vor unserem inneren Tribunal ist in jedem Fall nervenaufreibend und sehr oft, total unnötig. Egal ob Freispruch oder Verurteilung, solange wir in Untersuchungshaft sitzen kommen wir nicht zur Ruhe und leiden unter unseren selbst auferlegten Anschuldigungen.

Diese Gerichts-Metapher lässt sich wunderbar ausreizen, da wir uns häufig selbst anklagen und uns so das eigene Leben schwer machen. Viele Vorwürfe und Momente der Reue, nur weil wir nicht einsehen, dass Wer wir sind und Wer wir glauben zu sein, niemals dasselbe sein werden. Zwischen der Realität und unserem Selbstbild gibt es ein gewaltiges Delay. Auch wenn wir eine Sache verstandsmäßig durchdrungen haben und uns ihrer Richtigkeit und Wichtigkeit sicher sind, machen unsere Gedanken und Gefühle deshalb keine sofortige Kehrtwende. Wie so oft gibt die Sache mit den Gewohnheiten das Tempo vor. Bis wir unsere Verhaltensmuster willentlich unserem Selbstbild unterworfen haben, geht einige Zeit ins Land. Vorausgesetzt wir haben die Sache mit der Disziplin auf unserer Seite und halten lange genug durch bis die neue Gewohnheit, die alte arbeitslos macht. Bis es soweit ist haben wir vermutlich auch schon wieder die nächste Eingebung, die nächste richtige und wichtige Sache ausfindig gemacht, die dringend Teil unseres Lebens und Teil unserer Selbst werden muss. Alles wieder auf Anfang. Es ist eine nie endende Geschichte und umso früher wir einsehen, dass wir keine Marmorstatue sondern ein Klumpen Ton sind, desto weniger Zeit werden wir damit verbringen uns selbst fertig zu machen. Es wird seltener zu Anklagen kommen und wir werden weniger Zeit in Untersuchungshaft verschwenden. Stattdessen passen wir uns an die Umstände unseres Lebens an und vergeben uns die fehlende Perfektion, die wir uns bisher immer vorgeworfen haben. Kalt und starr werden wir noch früh genug sein. Jetzt ist es an der Zeit die eigenen Möglichkeiten zu entdecken. Überraschungen garantiert!

Doch was hat das alles mit Authentizität zu tun? Im Prinzip muss es nichts damit zu tun haben, doch in der Praxis werfen wir die Sache nur zu gerne mit in den Topf. Wir schleifen die Authentizität an ihren Haaren in den Gerichtssaal. Sogar dann noch, wenn wir das Wort selbst nie in den Mund nehmen.

Die Sache mit der Authentizität ist folgende ...

Egal wie klumpig unser Selbstbild auch sein mag. Ein Jeder versucht der eigenen Identität in dieser Welt Ausdruck zu verleihen. Manche sehr bewusst und gewollt auffällig, andere hingegen eher subtil, zurückhaltend oder möglichst leise. Selbst die Entscheidung nicht auffallen zu wollen, ist eine Entscheidung, die zu einer bestimmten Selbstwahrnehmung beiträgt und letzten Endes in einer entsprechenden Außenwirkung mündet. Wenn Lebenspraxis und Außenwirkung aufeinandertreffen, kommt Authentizität ins Spiel. Auch wenn wir nicht bewusst danach suchen und selbst nie danach streben. Authentizität beeinflusst uns dennoch enorm. Sie ist das Gütesiegel der Wahrheit. Wenn die Welt, andere Menschen, oder auch wir selbst uns als würdig erweisen, indem wir sagen was wir denken, tun was wir sagen und zu unseren Idealen und Versprechen stehen, egal was es auch kosten mag. Dann, aber nur dann, werden wir mit der Medaille der Authentizität ausgezeichnet, oder verleihen diese wiederum an andere, die unserer Meinung nach ihre persönliche Integrität bewiesen haben. Authentizität entsteht, wenn sich bewahrheitet, was jemand oder etwas, vorgibt zu sein. Und dieser Jemand können eben auch wir selbst sein. Handeln wir im Einklang mit unseren Überzeugungen, fühlen wir uns nicht nur selbst besser, sondern strahlen diese innere Harmonie auch spürbar für andere aus. Bewusst oder unbewusst. Wer mit sich selber im Reinen ist, der wirkt authentisch. Und Authentizität ist anziehend! Aus diesem Grund beginnt die Suche nach einer liebevollen Partnerschaft auch immer mit der Suche nach der Liebe zu sich selbst. Wer Selbstliebe kultiviert, macht sich für andere dadurch nur umso liebenswerter! Einen gütigen und wohlwollenden Umgang mit sich selbst zu kultivieren dauert ein wenig, doch die Sache lohnt sich! Denn Partnerschaft hin oder her. Wer sich selbst liebt, der braucht nicht viel zum glücklich sein.

Der Weg zur dieser Einstellung ist für viele moderne Glückssucher jedoch zu mühsam, oder fühlt sich zu esoterisch an um ernst genommen zu werden. Stattdessen versucht man sich deswegen im »reverse engineering« und rollt die Sache von hinten auf. Das angesprochene Gütesiegel der Wahrheit wird eigenmächtig, gerne auch in Form eines Hashtags, auf das eigene Leben geklebt, um Liebe und Bewunderung heraufzubeschwören. Nicht Selbstliebe, sondern Imagepflege wird zur Priorität erklärt, auch wenn man das natürlich nicht laut ausspricht. Das wäre ja unauthentisch …

Der Wunsch nach Authentizität ist ironischer Weise jedoch der erste Schritt weg von ihr. Umso mehr man sich bemüht authentisch zu sein, desto aufgesetzter wirkt das Ergebnis. Eine Maskerade. Ein Schauspiel mit der Botschaft: »Schau mich an, gib mir Liebe!«

Nach unserem Abstecher in den Gerichtsaal machen wir nun einen weiteren Hausbesuch, um der Sache mit der Authentizität vollends auf die Schliche zu kommen. Identifizieren sich Menschen mit gewissen Werten, machen Versprechungen und Zusagen, von denen sie dann jedoch kaum etwas in die Tat umsetzen, wirkt das alles andere als authentisch. Wir fühlen uns geradezu hintergangen. Belogen und betrogen! Willkommen im Bundestag!

Politikern wird oft vorgeworfen sie seien unauthentisch und man könne ihnen nicht vertrauen. Kein Wunder, denn es gehört zu ihrem Job Pläne aufzustellen und Ansagen zu machen, die den Kontakt mit der Realität oftmals nicht überleben. Sie sagen das Eine, tun das Andere und wirken deshalb nicht authentisch, sondern wie Menschen, denen man besser nicht über den Weg traut. Abgeordnete werden zu recht immer wieder kritisiert, denn die Sache mit der Authentizität kann gewaltig nach hinten losgehen, wenn es zu deinem Job gehört, große Töne zu spucken und jedem das Blaue vom Himmel zu versprechen. Vor allem im Wahlkampf werden Aussagen getroffen, von denen die Politiker selber nicht wissen, ob die Umsetzung überhaupt im Bereich des Möglichen liegt. Ziemlich hinterlistig will man meinen, aber substanzlose Wahlkampfversprechen gehören genauso zur Demokratie, wie leere Morddrohungen zu einem Rap-Song. Große Klappe, nichts dahinter. Die Realpolitik ist jedoch kein Beweis dafür, dass jeder, der im Bundestag sitzt, in direkter Linie vom Teufel abstammt. Es gibt etliche intelligente, gut gemeinte Pläne, die auf dem Papier großartig klingen und für deren Umsetzung hart gekämpft wird. Interessenskonflikte, rechtliche Unklarheiten und das Chaos des Politapparates, ersticken viele davon jedoch früher oder später und lassen ihre Urheber wie das personifizierte Böse dastehen. Von selbst ernannten Politikexperten, die zwar nicht im Bundestag sitzen, dafür aber ein Mandat auf Lebenszeit in der nächsten Eckkneipe haben, hört man nach dem vierten Bier dann Aussagen wie: »Wenn ich an der Macht wäre, dann … « Ja dann was? Erneut befinden wir uns im Gerichtsaal. Selbstbewusst wird die Anklageschrift vorgelesen und gleich darauf ein vorschnelles Urteil verkündet. Wenn man nicht selbst eine Strafe zu befürchten hat, tut man sich umso leichter anderen die Leviten zu lesen. Doch genauso wie wir im Prozess gegen uns selbst, teilweise voreilig und mit unnötiger Härte Anschuldigungen vorbringen, sollten wir auch bei unserem Urteil über andere vorsichtig sein und uns nicht blenden lassen. Dieses Mal hat unser Ego nämlich den Platz der Staatsanwaltschaft eingenommen und schreit von dort wilde Parolen durch den Gerichtsaal. Wie wir wissen, ist nicht jeder Angeklagte auch direkt ein Verbrecher. Genauso wenig ist jeder Abgeordnete ein schamloser Egoist, der nur seinen persönlichen Vorteil im Sinn hat. Die meisten unserer Politiker haben ihren Job gewählt, weil sie Idealisten sind und unser Land zu einem besseren, lebenswerterem Ort machen wollen. Wenn sie es dann irgendwann wirklich geschafft haben, an den Schalthebeln der Macht zu sitzen, kommt ihnen »alles Mögliche« in die Quere. Angefangen von politischen Gegnern über Wirtschaftsvertreter, bis hinzu Parteigenossen. Von den teils gut gemeinten Wahlversprechen bleibt meist nur ein halbgarer Kompromiss übrig. Zufrieden ist damit keiner so recht, aber der Öffentlichkeit muss man das Ergebnis trotzdem irgendwie schmackhaft machen und als Erfolg verkaufen. Der Parteisprecher stellt sich dann mit stolz geschwellter Brust hinter die hart erkämpfte Entscheidung und tut so als hätte man die beste Lösung für alle Seiten gefunden. Es wurde A versprochen und man hat auch für A gekämpft, ist am Ende aber bei G gelandet.

Politik ist ein plakatives Beispiel, an dem man sehr eindrucksvoll sehen kann, wie Menschen mit verschiedensten Absichten Pläne schmieden, Behauptungen aufstellen und am Ende dann doch etwas ganz anderes tun. Wir alle bemühen uns bewusst und unbewusst ständig darum unsere persönliche Integrität zu wahren und authentisch zu sein. Das Leben durchkreuzt unsere Pläne aber nur zu gerne und zwingt uns dazu unsere Vorstellungen anzupassen. Jedes Mal wenn wir unsere Behauptungen und Aussagen nicht einhalten, leidet unser Selbstbild unter diesem Konflikt. Die Wurzel des Problems ist aber oft nicht Wankelmütigkeit, oder, dass wir ein sprichwörtliches Fähnchen im Wind sind, sondern, dass wir unsere Vorsätze in den seltensten Fällen 1:1 umsetzen können. Authentizität nehmen wir über die Außenwirkung wahr, die Menschen als Individuum oder auch als Gruppe ausstrahlen. Das Geheimnis der Authentizität liegt aber abseits dessen, was wir uns gegenseitig an Echtheit zuschreiben. Sie entsteht von innen heraus, wenn wir unsere eigenen Verhaltenskodex, unsere Wertvorstellungen und Ideale so gut es geht verkörpern. Das gelingt nicht immer zu einhundert Prozent, aber das ist auch nicht notwendig, denn Fehler gehören zum Leben dazu. Fehler machen uns authentisch. Jeden

Tag nach bestem Gewissen zu tun was man für richtig hält, ohne sich für alle Abweichungen von der eigenen Norm selbst zu zerfleischen, das ist die wahre Kunst. Ein Balanceakt im Umgang mit dem eigenen Selbstbild. Doch es ist der einzige ehrliche, authentische Weg.

Ob wir unseren Mitmenschen von all unseren Idealen, Werten und Plänen erzählen, oder es, wie im Falle der Politiker, sogar unser Job ist dies zu tun, ist eine andere Angelegenheit. In erster Linie sind wir uns selbst und unserem Gewissen Rechenschaft schuldig. Den Vorstellungen, die andere über uns haben, gerecht zu werden, ist eine Bürde die wir uns selbst auferlegen, wenn wir beschließen nach außen zu tragen, für was wir stehen. Erst dann geben wir ein Statement ab das sagt: »Ich bin …«

Nun sind wir in der Beweislast und sollten unsere Aussagen auch mit Taten untermauern.

Sollten nicht müssen. Wir haben zu jeder Zeit auch die Option die Meinung unserer Mitmenschen in den Wind zu schlagen, ihre Vorstellungen und Erwartungen zu enttäuschen und unserem Image damit selbst eine Delle zu verpassen. Klingt nach Eigensabotage und ist in der Regel auch nicht die beste Lösung. Doch manchmal bleibt uns keine andere Wahl, als zu sagen »Scheiß drauf! Ich mach das jetzt so und nicht anders!« Manchmal ist genau das der einzige Weg, um nicht die Kontrolle über unser eigenes Leben zu verlieren. Die Angst, man könnte deshalb im Ansehen anderer sinken, ist in vielen Fällen ohnehin unbegründet. Während du dir den Kopf darüber zerbrichst was die Anderen von dir denken, sind die Anderen ihrerseits damit beschäftigt sich zu sorgen, was du über sie denkst. Jeder ist so auf sich und seine eigene Außenwirkung fixiert, dass etwaige Auffälligkeiten der Mitmenschen nur beiläufig wahrgenommen werden und nach kurzer Zeit schon wieder komplett vergessen sind. Was uns wirklich im Gedächtnis bleibt sind die vielen kleinen Unzulänglichkeiten, die wir uns selbst gnadenlos zum Vorwurf machen. Solange du dich nicht aufführst wie ein riesiges Arschloch, sondern deinem Umfeld mit Anstand und angemessener Freundlichkeit begegnest, wird dir kaum jemand etwas nachtragen, nur weil du zu dir und deiner Meinung stehst.

Wenn unser Selbstbild sich nur noch über unsere Außenwirkung definiert und geradezu abhängig von den Reaktionen und Meinungen unseres Umfelds ist, werden wir zur Geisel unseres eigenen Images. Obwohl sich die persönlichen Ansichten und Lebensumstände geändert haben, trauen wir uns nicht unsere neuen Überzeugungen auch umzusetzen. In der Angst, die Außenwelt könnte Anstoß an unserer Veränderung nehmen, vermeiden wir es mit alten Meinungen und Verhaltensweisen zu brechen. Stattdessen belügen wir nicht nur die anderen, sondern auch uns selbst, um den Anschein innerer Standhaftigkeit zu wahren. Wir opfern unsere persönliche Integrität für unser Image.

Wie anfangs angedeutet müssen wir Authentizität nicht zu einem Problem unseres Selbstbildes machen. Im Gegenteil! Wer wirklich authentisch sein will, sollte sich darin üben, der ganzen Sache nicht so viel Wichtigkeit beizumessen. Beginne damit Selbstliebe zu kultivieren und du wirst Stück für Stück eine echte Persönlichkeit aufbauen, anstelle einer Fassade. Wenn wir wissen, wer wir sind und im Einklang mit unseren Stärken und Schwächen leben, werden wir es schaffen unser Inneres ehrlich und authentisch nach außen zu kehren. Unsere Worte und Taten sprechen für sich selbst und werden zur Manifestation unseres Charakters. Kein Grund Behauptungen aufzustellen und Dinge an die große Glocke zu hängen. Wir tun was wir tun, weil wir einfach genau das sind. Über Authentizität müssen wir uns keine Gedanken mehr machen. Wir sind einfach wir selbst und automatisch authentisch in allem was wir tun. Im Englischen gibt es den passenden Ausspruch: »You can't be the noun, without being the verb.« Übersetzt bedeutet dieser Satz sinngemäß, dass man kein Sportler sein kann, ohne Sport zu machen. Du kannst kein Bäcker sein, wenn du nicht backst, kein Veganer, wenn du Milch trinkst. Lässt man den Blick durch die Hashtag geschwängerte Social-Media-Landschaft schweifen wird schnell deutlich, wo die Authentizität an ihre Grenzen stößt. Du gehst dreimal die Woche ins Fitnessstudio, verbringst aber den Großteil deines Alltags im Sitzen, rauchst und gibst dir jedes Wochenende die Kante? #fitnesslifestyle #healthy #authentisch #höraufdichselbstzubelügen

Wenn du wirklich authentisch sein willst, solltest du aufhören jede Möglichkeit zu nutzen dein Image zu polieren und dich darauf konzentrieren, zu tun was notwendig ist, um dein Leben in etwas Nützliches zu verwandeln. Wer sich selbst ein bleibendes Denkmal setzen will, schafft das nur durch ehrliche und harte Arbeit. #tonklumpen

Konrad Adenauer sagte einst: »Was interessiert mich mein Geschwätz von gestern?« Das ist Authentizität für Fortgeschrittene! Nach bestem Gewissen sein Ding durchziehen, in dem Wissen, dass man ohnehin nicht immer alles in die Tat umsetzen kann, was man an Plänen von sich gibt. Es ist Teil des Lebens, dass das Leben einem immer wieder dazwischen grätscht. Wenn der Weg sich anders entfaltet, als man es ursprünglich geplant hat, heißt es weitermachen und das Beste aus der Situation rausholen. Ein Mensch mit gesundem Selbstbild ist dazu in der Lage sich Fehler einzugestehen und Scheiße auch Mal beim Namen zu nennen, ohne direkt an den Grundpfeilern der eigenen Existenz zu zweifeln. Niemand ist perfekt und die gute Nachricht ist, dass einen genau das authentisch macht. Vielleicht tun wir also gut daran einfach mal gar nichts zu sagen und unsere Taten für sich sprechen zulassen! Das eigene Ego im Zaun halten und keine Behauptungen aufstellen von denen wir nicht wissen ob wir sie einhalten können. Das gilt sowohl für den Umgang mit unseren Mitmenschen, als auch für unseren inneren Dialog. Wer das schafft bleibt sich selbst treu und kommt auf leisen Sohlen dennoch ans Ziel. Selbst wenn auf dem Weg zum Erfolg mal etwas schief geht, das Selbstbild bleibt intakt. Wir stehen zu unseren Fehlern, egal wer uns mit ihnen konfrontiert und pfeifen auch mal auf die Meinung anderer. Höflich aber bestimmt. Gefestigt in uns selbst, ganz ohne dumme Ausreden oder Rechtfertigungen. Wir sprechen die Wahrheit aus, oder sagen nichts. Mund halten, Arbeit erledigen und auf den eigenen Weg vertrauen. Früher oder später gelangst du so an den Punkt an dem es dir egal ist, ob du authentisch bist oder nicht. Scheiß auf Perfektion und scheiß auf ein perfektes Image. Du bist ein Klumpen Ton, ich bin Klumpen Ton. Warum also nicht einfach dazu stehen? Sei du selbst, was könnte authentischer sein als das?

Teil 2

Sinn und Perspektiven

Die Sache mit der Philosophie ...

»Den Scheiß werde ich später nie wieder brauchen!« Auch wenn die Schulzeit schon einige Jahre zurückliegt, kommt einem dieser Satz dennoch sicher bekannt vor.

Unser Schulsystem hat die Aufgabe, Kindern und Jugendlichen fundamentale Grundlagen der Natur- und Geisteswissenschaften beizubringen. Ob diese letzten Endes wichtig für das eigene Leben oder den zukünftigen Berufsweg sind, ist eine ganz andere Frage. Entscheidend ist nicht, ob das Wissen wirklich eine nachhaltige Relevanz für den Einzelnen hat, sondern lediglich, ob es zum Prüfungszeitpunkt abrufbar ist. Im Rahmen dessen investiert man endlose Stunden darauf sich Jahreszahlen und Fachbegriffe einzuprägen, Koordinatensystem anzulegen und rhetorische Mittel zu analysieren, deren Namen wie Tropenkrankheiten klingen. Doch seien wir mal ehrlich. Es dauert ungefähr doppelt solange eine mathematische Formel herzuleiten, wie man braucht um sie wieder zu vergessen. Spätestens nach erfolgreich bestandener Abschlussprüfung, wird dann konsequent wieder alles aus unseren Gehirnwindungen entfernt, was keine Miete zahlt. Ein bisschen Allgemeinwissen und geschichtliche Grundkenntnisse können zwar spannend und hilfreich sein, die meisten Daten und Fakten, die ich heute noch zu Römern, Griechen und Co. im Kopf habe, stammen jedoch nicht aus dem Gesichtsunterricht, sondern von »MrWissen2Go« und »Gefragt - Gejagt«. Unser Langzeitgedächtnis ist dahingehend sehr pragmatisch. Alles was nicht emotional verankert wurde, oder regelmäßig gebraucht wird, verliert auch nach kurzer Zeit wieder seine Aufenthaltsgenehmigung in unseren grauen Zellen. Dort wo sich ehemals Stochastik und Algebra eingenistet hatten, wurde nach dem Abi mit Alkohol durchgewischt. Heute leben dort die Backstreet Boys, in friedlicher Koexistenz mit Frodo Beutlin. Oder anders ausgedrückt: Ich weiß zwar noch immer, welcher Satz auf dem *einen Ring* steht, vom Konsinussatz habe ich jedoch keine Ahnung mehr. *Tell me why?*

Viel Schulwissen, das wir mühselig anhäufen und dann mit Leichtigkeit wieder vergessen, werden wir tatsächlich nie wieder brauchen. Andere Dinge hingegen, die essentiell wichtig, oder einfach nur enorm praktisch für unseren Alltag sind, werden im Lehrplan jedoch mit keinem Wort erwähnt. Wie fertigt man eine Steuererklärung an? Auf was muss man bei Mietverträgen achten? Worauf beim Autokauf? Warum hat man diese grundlegenden Kompetenzen des Lebens nicht im Unterricht behandelt? *Tell me why*? Die Mitochondrien sind die Kraftwerke der Zelle, schön und gut, aber warum habe ich keine Ahnung davon, wie ich meine Zellen langfristig gesund und munter halte? Stochastik und Algebra scheinen wichtiger zu sein, als gesunde Lebensführung und Altersvorsorge. Das Leben der Römer vor zweitausend Jahren wichtiger als mein eigenes in zwanzig. *Teeell me why!*

Fächer wie Hauswirtschaft sind zwar vorhanden, kratzen inhaltlich jedoch nur an der Oberfläche. Im Stundenplan ist das zeitliche Budget für solche Inhalte im Vergleich zu den Big Playern Mathe, Deutsch und Englisch, ohnehin eher gering. Letzten Endes lernt man in der Schule hauptsächlich für die Schule, nicht fürs Leben. Ein Fach, das sich mit den existentiellen Fragen einer guten Lebensführung beschäftigt, findet sich wenn überhaupt erst in den höheren Klassenstufen. Einige Schulen bieten die Möglichkeit im Rahmen des Abiturs einen Grund- und Leistungskurs Philosophie zu wählen. Erkenntnistheorie und unterschiedliche Möglichkeiten der moralischen Orientierung finden so den Weg in die Klassenzimmer und Ohren der Schüler. Ein Pilotprojekt, an vierzig deutschen und einhundertvierzig österreichischen Schulen, geht sogar noch einen Schritt weiter. Das Fach »Glück« steht auf dem Stundenplan und beschäftigt sich mit positiver Psychologie und ihrer praktischen Umsetzung im Alltag. Bis solche Konzepte sich bewährt haben und in unseren Schulen einen festen Platz bekommen, ist es aber noch ein weiter Weg. Ein Fach, das die jugendliche Persönlichkeitsentwicklung begleitet, der Seele Unterstützung und Orientierung anbietet, gibt es äußerst selten und daran wird sich in naher Zukunft vermutlich wenig ändern. Wir lernen im Unterricht zwar viel über die Welt und die Menschen die sie geprägt haben, jedoch nur wenig über uns selbst und die Möglichkeiten unseren eigenen Charakter selbstbestimmt zu erleben. Informationen geben den Ton an! Emotionen werden nicht behandelt, sondern müssen im Klassenzimmer unterdrückt werden. Kopf und Herz sind nicht gleichberechtigt.

Was wir brauchen ist ein Fach bei dem Gefühle im Zentrum der Fragestellungen stehen! Das uns beibringt woher unsere Emotionen kommen und wie wir konstruktiv mit ihnen umgehen. Wie man in schwierigen Situationen die Ruhe bewahrt, Achtsamkeit kultiviert und Resilienz entwickelt. Ein Fach, in dem man lernt verschiedene Perspektiven einzunehmen, respektvoll zu streiten und verständnisvoll mit anderen Meinungen umzugehen. Ein Fach, das uns die emotionalen und mentalen Werkzeuge für ein glückliches, erfolgreiches Leben an die Hand gibt. Ein Fach, das leider noch nicht existiert.

Sucht man nach Gründen für diese Diskrepanz zwischen Lehrplan und Lebensrealität wird klar, dass in unserem Schulsystem emotionale und intellektuelle Bildung nicht annähernd auf Augenhöhe koexistieren. Fachwissen lässt sich objektiv prüfen, Gefühle nur subjektiv ergründen. Das eine ist quantifizierbar, das andere nicht. Deswegen ist für Hitler und Pythagoras viel Platz in unseren Schulbüchern. Für Eifersucht und Gelassenheit eher wenig. Die Bildungsministerien singen gemeinsam: »*I want it that way!*«

Der Schullehrplan hinterlässt viele Lücken, die das Leben später noch schmerzvoll schließen muss.

Wäre es nicht verlockend, zwischen Dreisatz und drittem Reich auch etwas über den Weg zum Glück zu lernen? Die meisten Eltern wären sicher sehr interessiert daran, wenn ihre Kinder nicht nur die sechzehn Bundesländer aufzählen könnten, sondern auch wissen würden, wie man mit Ungeduld und Zurückweisung umgeht. Die meisten Eltern würde das wahrscheinlich selbst gerne lernen. Was ist nützlicher? Die zerstörerische Kraft unseres Egos kontrollieren lernen, oder auswendig wissen, wer von 1919 bis 1925 Reichspräsident der Weimarer Republik war? Lernen mit Herzschmerz fertig zu werden, oder wie die Russen mit Napoleon fertig wurden? Was davon ist langfristig entscheidend für ein gelungenes Leben? Philosophie kann uns dabei helfen diese Fähigkeiten zu erwerben und unnötige Fehler gar nicht erst zu machen, doch die Pflanze der Einsicht gedeiht nun mal am besten in verbrannter Erde.

Die Sache mit der Philosophie ist folgende ...

Da uns niemand gezeigt hat wie Philosophie unser Leben bereichern kann, müssen wir wohl oder übel selber und nicht selten über viele leidvolle Umwege, zu der Erkenntnis kommen, dass wir etwas brauchen, an das wir glauben können. Eine Sache, die uns und unserem Leben Sinn verleiht. Die erklärt wie dieses riesige Chaos funktioniert und wo man selbst seinen Platz darin findet.

In Zeiten von Lebenskrisen, wenden sich viele Menschen ihrer Religion zu, oder beginnen gar erst einen Glauben für sich zu entdecken. Wenn im Leben wenig nach Plan läuft, sucht man Hilfe bei Dichtern, Denkern, Influencern oder höheren Mächten. Sei es die Bibel oder der Instagram-Feed. Die Wege des Herrn, und die des Google-Algorithmus, sind unergründlich. Philosophie und Religion stehen dabei nicht in Konkurrenz zueinander, sondern sind verschiedene Sprachrohre für dieselben Fragen. Warum ist die Welt so wie sie ist? Was ist gut, was schlecht? Wie verhalte ich mich richtig, wenn …? Religion und Philosophie ergänzen und profitieren voneinander, bieten Zuflucht und spenden Kraft. Keine Gegensätze, sondern siamesische Zwillinge. Zwei Herzen durch die dasselbe Blut pumpt. Ob man eher für das eine, oder das andere empfänglich ist, hängt vom persönlichen Hintergrund ab. Ist man bereits mit einer Religion aufgewachsen, liegt es nahe sich auf diese vertrauten Wurzeln zu besinnen und genau dort nach Antworten zu suchen. Wurde man hingegen atheistisch erzogen oder aus welchem Grund auch immer »vom Glauben verlassen«, so erscheint die Philosophie als verheißungsvolle, irdische Alternative. Was weltliche von himmlischen Ratschlägen unterscheidet, ist ohnehin oft nicht der Inhalt, sondern lediglich die Formulierung. Ein und dieselbe Aussage in unterschiedlichen Worten. Egal ob Religion oder Philosophie. Das eine führt oft zum anderen und wieder zurück. Womit man sich letztlich identifiziert, mag für das eigene Selbstverständnis relevant sein, doch schlussendlich kommt es darauf an, ob man lebt woran man glaubt. Theoretisches Verständnis und praktisches Handeln sind zwei Paar Stiefel. Sind Philosophie und Glaube für dich nur Tinte auf dem Papier, oder die Entscheidungsgrundlage deines Lebens? Harte Zeiten und Rückschläge konfrontieren uns mit dieser Frage. Manchmal sind es äußere Umstände, die dafür sorgen, dass wir orientierungslos im eigenen Leben stranden. Häufiger jedoch sind wir selbst Verursacher und Opfer unserer Umstände. Alles was es braucht, um sich selbst im Chaos des Alltags zu verlieren, ist etwas Zeit und Unachtsamkeit. Der Mensch, der wir zu sein glauben und der Mensch, der wir wirklich sind, entfernen sich zunehmend voneinander, bis das Gefühl innerer Zerrissenheit uns allmählich in den Wahnsinn treibt und handlungsunfähig macht. Schleichender Selbstmord auf der Flucht vor dem Leben. Selbstreflexion ist der erste Schritt, um unser Verhalten und unsere Ideale wieder in Einklang, und unser Leben auf Kurs zu bringen. Diese Kursänderung ist anstrengend und furchteinflößend, gleichzeitig jedoch alternativlos. Entweder wir fangen an zu rudern, bis neuer Wind unsere Segel füllt, oder wir treiben ziellos und blind als Jammerlappen durchs Leben. Glauben und Philosophie sind keine Karten, die uns verraten wo das Ziel unserer Träume zu finden ist. Sie sind ein Kompass, der auch im Sturm , wenn um uns herum alles wütet und tobt, noch die Richtung kennt. Egal wie lang und zahlreich die Unwetter unseres Lebens auch sein mögen, wer an etwas glaubt macht sich selbst ein Geschenk der Sicherheit und des Friedens. Wenn deine Überzeugungen dir gut tun und dabei der Welt und anderen Menschen nicht schaden, ist es egal ob Vishnu, Alan Watts oder der Herr dein Hirte ist. Vielleicht ist deine Philosophie auch eigenen Ursprungs. Die Summe deiner Erfahrungen, angereichert mit inhaltlichen Fragmenten diverser Wissenschaften, Religionen und Überlegungen, die im Rahmen deines Lebens Sinn ergeben. Ein bisschen Buddha hier, ein bisschen Precht da, garniert mit einer großen Priese Pragmatismus von Mama. Woran du glaubst, ist das Eine. Ob du an etwas glaubst, dass deinem Leben Halt gibt und Sinn verleiht, das Andere.

Deine Philosophie wird zum Rahmen deines Lebens. Es liegt bei dir diesen zu gestalten und anzuerkennen. Dein Glaube muss deswegen nicht starr und unflexibel sein. Ist er jedoch weich wie Butter, ohne klare Grenzen, läufst du Gefahr ihn nach Belieben zu verbiegen. Dein Verhalten sollte sich an deine Philosophie anpassen und nicht umgekehrt. Ansonsten ist er nichts weiter, als eine fadenscheinige Rechtfertigung für Eskapaden jeglicher Art. Ist dein Glaube ein solches Fähnchen im Wind, wird der Teufelskreis der Selbstentfremdung zu deinem steten Begleiter. Philosophie bietet Lehren und Gedanken, die uns den Arsch retten können, wenn es hart auf hart kommt. Am besten lassen wir es aber gar nicht erst soweit kommen. Prävention statt Reha. Das Interesse am Glauben schwindet schnell, wenn die Welt sich von ihrer schönen Seite zeigt, doch gerade dann ist es wichtig dranzubleiben. Philosophie ist Übung! Die Sache mit der Gewohnheit. Der nächste Sturm zieht bereits am Horizont auf. Wachsende Lebenserfahrung hilft dabei, vieles zu optimieren und Dinge, die in der Vergangenheit schief gingen, zukünftig besser zu machen. Trotzdem scheitern wir oft daran unsere Sicht auf die Fehler zu verändern. Wir optimieren alles Mögliche, nur nicht unsere Perspektive. Haben wir unsere Lektionen wirklich gelernt, verlieren die meisten Fehler ihren Schrecken. Wir vermeiden zunehmend die Unnötigen und wachsen an allen anderen. Failing forward. Mit einer Philosophie, die uns den Rücken stärkt, werden wir mutiger und schaffen es unser persönliches Potential zur vollen Entfaltung zu bringen. Selbst dann, wenn alles den Bach runtergeht und wir aus eigener

Kraft nichts mehr an unserer Situation verändern können, hilft uns die Sache mit der Philosophie dabei, dem Unvermeidbaren tapfer und vielleicht sogar positiv, gegenüberzutreten. Nicht jeder Fehltritt kann vermieden, geschweige denn vorhergesehen werden. Doch selbst wenn wir alle Optionen ausgeschöpft haben, sind wir dem Schicksal nicht hilflos ausgeliefert. Es liegt in unserer Hand, wie wir mit Fehlschlägen und Katastrophen umgehen.

»Das Problem ist nicht das Problem. Das Problem ist deine Einstellung zum Problem.«

Dieses Zitat stammt nicht aus der Feder eines großen Poeten, sondern kommt von einem dreckigen Pirat. Jack Sparrow, Entschuldigung, Captain Jack Sparrow, bringt perfekt auf den Punkt, worum es im Kern geht. Fast alles ist eine Frage der Perspektive. Sind wir uns dessen bewusst, gelingt es uns auch den Blickwinkel zu wählen, der unser Problem zu einer Chance werden lässt.

Du wirst in diesem Buch keinen Gedanken finden, den ein griechischer, römischer oder fernöstlicher Philosoph nicht bereits auf viel schönere Art und Weise ausformuliert hat. Keine revolutionäre, neue Weisheit. Aber vielleicht eine neue Perspektive. Eine neue Einstellung zum Altbekannten. Wer sein Leben aus genügend Blickwinkeln betrachtet, findet früher oder später auch einen der weiterhilft. Seit Jahrtausenden durchleben Menschen bereits die gleichen Gefühle, die auch in jedem von uns jubeln und wüten. Aristoteles hat Enttäuschung, Trauer und Eifersucht erlebt, genauso wie Ghandi, Adenauer und Tupac. Auch sie waren manchmal ratlos und traurig, hatten Heimweh und fühlten sich einsam. Sie waren auf der Suche nach einem Weg zum Glück, genau wie du.

Ihre Philosophie und Vorbild, ist das was von ihnen übrig blieb. Ein Echo vergangener Leben, das uns ermahnt und versucht uns den Weg zu weisen. Ob du dich darauf einlässt liegt ganz bei dir, doch eine Sache ist sicher. Im Gegensatz zu unnützem Schulwissen, wird dir dieser »Scheiß« später garantiert noch einmal nützen.

Die Sache mit der Achtsamkeit ...

Unser Alltag entwickelt sich immer stärker zu einem Feuerwerk aus Informationen und Sinneseindrücken. Von überall leuchten uns grelle Farben und Lichter entgegen, die kreischend um unsere Aufmerksamkeit kämpfen. Werbetafeln, Smartphone-Displays und bunte Produktverpackungen beschäftigen unsere Augen, während ein Geräuschteppich aus Musik, Verkehr, und Gesprächen dafür sorgt, dass auch unsere Ohren unter Dauerfeuer stehen. Oft versuchen wir den Lärm mit Hilfe von Spotify und Co. eigenmächtig zu übertrumpfen und sorgen so für nie endende, permanente Beschallung, die auch in den eigenen vier Wänden kein Ende findet. Es gibt immer etwas zu sehen, zu hören und meistens (leider) auch zu riechen. In Städten wird es nicht mehr richtig dunkel und erst recht nicht still. Die Bevölkerung auf dem Land, in den Kleinstädten und Dörfern, hat in Sachen Ruhe und Entspannung anscheinend die Nase vorn. Dort wo sich Fuchs und Hase noch gute Nacht sagen, scheint die Welt sich viel von ihrer Idylle bewahrt zu haben. Generell gibt es dort viel weniger Ablenkungen, die an uns und unserer Aufmerksamkeit zerren. Doch ehrlich gesagt macht es kaum mehr einen Unterschied, ob man Stadtmensch, oder Dorfbewohner ist. Die größte Quelle für Stress und Unruhe ist nicht die Umgebung, sondern man selbst.

Oft hört man Menschen davon reden, dass sie sich mehr Pausen und Ruhe in ihrem Leben wünschen, doch die Wenigsten arbeiten auch aktiv daran, die allgegenwärtige, kontraproduktive Reizüberflutung zu stoppen. Ganz im Gegenteil. Ablenkungen und intensive Sinneseindrücke werden auf der Jagd nach Besinnlichkeit und Entspannung sogar noch gesucht. Die gefühlte Definition von Ruhe ist erst dann erfüllt, wenn die eigenen Gedanken in einem Rauschzustand aus kurzfristigen Glücksgefühlen verstummen. Wir suchen uns eigene Ablenkungen, um uns von den aufgezwungenen Ablenkungen unseres Lebens abzulenken. Und das ist ein Kinderspiel. Irgendwas zu tun, zu erleben, zu hören oder zu sehen, gibt es schließlich immer. Wir arbeiten am PC, während im Hintergrund der Fernseher läuft. Beim Kochen und Putzen, spielt nebenbei Musik. Sogar das Einschlafen wird von Serien und »Einschlaf-Podcasts« begleitet, die uns ins Reich der Träume geleiten sollen. Sobald wir am nächsten Morgen die Augen wieder öffnen, liegt auch schon das Handy bereit. Wir schalten den Wecker aus und scrollen fünf Sekunden später bereits durch unseren Instagram-Feed. Entertainment von der ersten Sekunde des Tages bis zur letzten. Egal ob in Berlin oder Hintertupfing.

Nur zu gerne geben wir unserem Smartphone die Schuld an diesem permanenten Bombardement der Informationen und Benachrichtigungen, verdrängen dabei aber die Tatsache, dass wir selbst die Hand am Abzug haben. Wir und unsere Gewohnheiten lassen es knallen, ohne Rücksicht auf Verluste und vor allem ohne Rücksicht auf uns selbst. Den damit verbundenen Stress nehmen wir gerne in Kauf, denn viel schlimmer als Hektik und Unruhe ist das Gefühl etwas zu verpassen. FOMO ist ein weinerliches Kind, das für immer mehr Menschen zu einer leidvollen Triebfeder des eigenen Verhaltens wird. Die namensgebende *fear of missing out* (die Angst etwas zu verpassen), hat ihren Ursprung in der endlosen Flut an Möglichkeiten, die unsere digitalisierte Welt uns permanent vor Augen führt und dem Wunsch danach, Anteil an möglichst vielen dieser Erfahrungen zu haben. Der Drang nach sozialer Zugehörigkeit bzw. die Sorge etwas zu verpassen und deshalb nicht mitreden zu können, führt dazu, dass Langeweile zum Todfeind erklärt wurde. In Folge dessen verurteilen wir uns selbst für Zeiten der Entschleunigung und Inaktivität, die wir uns doch eigentlich so oft herbeisehnen. Wer nichts zu tun hat fühlt sich wie ein Versager. Ruhe ohne schlechtes Gewissen, gibt es nur noch im Schlaf. Träum weiter …

Was tagsüber mehr oder weniger bewusst auf uns einprasselt, lässt auch im Schlaf noch die Synapsen glühen. Während unsere Sinne endlich den Feierabend genießen, ist unser Gehirn mit der Nachbereitung beschäftigt. Die Nachtschicht muss das Chaos ausbaden, das tagsüber veranstaltet wurde, und versucht dem Ganzen Input irgendwie einen Sinn abzugewinnen. Es wird gelötet und geschweißt, abgerissen und umgebaut. Ein Pixar-Film über unseren Schlaf könnte wie folgt aussehen:

»Hey ?! Brauchen wir das Teil hier noch oder kann das weg?! Die Synapse hat er schon ewig nicht mehr benutzt. Das Scheißteil nimmt nur Platz weg …«

»Ja,ja hau weg, das Ding! Und beeil dich! Wir müssen noch die Leitung vom Rückenmark *zu den Armen neu kalibrieren.*«

»Häh? Wieso das denn?! Haben wir doch gestern erst gemacht?!«

»Ich weiß, aber er hat jetzt angefangen zu jonglieren. Das ist koordinatorisch echt ʼne Katast*rophe, da müssen wir was machen.*«

»Jonglieren? Wieso zum Teufel …«

»… halt die Klappe und beeil dich! Ist nich' unser Job Fragen zu stell*en. Hauptsache es funktioniert!*«

» Pfff, von mir aus … Ach ja, übrigens, da drüben is'n Typ der mit dir sprechen will. Er sagt sein Name ist Jon Snow und er will mit dir über das Pariser Klimaabkommen sprechen … ähm … und er hatt'n Drachen dabei. «

»Was?! Äh, okay. Er soll sich da ins Eck setzen. Sag ihm ich bin gleich da!«

»Sicher? Da hinten sitzt doch schon deine nörgelnde Mutter. Zwei Drachen auf so engem Raum, ich weiß nicht ob das gut geht?«

»Oh Gott, um die Alte muss ich mich ja auch noch kümmern! Ich komm, ich komm!«

»Aaaaaahhhhh!«

»Was ist denn jetzt schon wieder?!«

»Die gelbe Maus ist wieder da!«

»Bitte nicht. Er hat wieder Pokémon gespielt …«

Zum Glück ist die Nachtschicht hart im Nehmen. Aus den Informationen, die wir tagsüber aufnehmen, bastelt unser Unterbewusstsein ziemlich absurde Geschichten. Während wir die Show genießen, oder verfluchen, werden im Hintergrund neuronale Verbindungen auf-, ab- und umgebaut. Wir passen uns an das an, was wir tagsüber erlebt haben. Jeden Tag ein Stückchen mehr. Wir sind ein Produkt unserer Umwelt und müssen dementsprechend vorsichtig sein, welchen Informationen und Einflüssen wir uns regelmäßig aussetzen. Andernfalls werden wir schlichtweg von ihnen mitgerissen. Selbstbestimmung adé.

Die Flut aus Informationen überrollt uns jeden Tag. Wenn wir merken, dass uns das Wasser bis zum Hals steht, ist es meistens aber schon zu spät. Die Herrschaft der Gewohnheiten hat unseren freien Willen terminiert. Unser Leben beginnt uns zu leben und nicht umgekehrt. Wir sehnen uns nach einer Pause, die uns die Gelegenheit gibt, die Zügel wieder selbst in die Hand zu nehmen. Mal das Tempo drosseln und die Kontrolle über das eigene Leben zurückgewinnen. Doch was machen die meisten Menschen, wenn sie endlich mal ein paar Stunden zum Abschalten haben? Sie schalten alles Mögliche an.

Laptop an. Musik an. Backofen an. Smartphone sowieso immer an. Augen auf den Bildschirm. Podcast auf die Ohren. Pizza auf die Zunge. Und die Finger sowieso immer auf dem Smartphone. Die permanente Stimulation unserer Sinneskanäle ist Teil unserer Komfortzone geworden. Eine Gewohnheit, die befriedigt werden muss, damit wir überhaupt erst dazu in der Lage sind zur Ruhe zu kommen. Sobald dann tatsächlich mal echte Ruhe einkehrt, fühlt sich das komisch, fast schon bedrohlich an. Die Ironie des 21.Jahrhunderts. Manche Menschen sind bereits so abhängig von äußeren Reizen, dass es für Sie nahezu unerträglich ist eine längere Zeit allein mit sich selbst und den eigenen Gedanken zu verbringen. Bereits vor fast 400 Jahren sagte der französische Mathematiker und Theologe Blaise Pascal diesbezüglich:

»All of humanity's problems stem from man's inability to sit quietly in a room alone.«

Sinngemäß übersetzt führt er die Probleme der Menschheit darauf zurück, dass wir unfähig sind, alleine und still, Zeit mit uns selbst zu verbringen. Das war lange bevor irgendein Mensch je von einem Smartphone zu träumen gewagt hat und trotzdem ist die Botschaft aktueller denn je. Wir wollen mehr vom Leben und zwar in jeder Lebenslage. Doch willst du tatsächlich einmal mehr von deinem Leben, dann versuch für einen Tag deine Aufmerksamkeit immer nur einer Sache zu widmen. Eine Tätigkeit nach der anderen erleben, ohne Multi-Tasking und Second Screen. Wenn du Musik hörst, setze dich einfach hin und tu nichts anderes als zuzuhören. Augen zu und einfach der Melodie und den Texten folgen. Während man sich früher noch um das Radio oder den Plattenspieler versammelt hat, nutzen wir Musik heutzutage als Nebenbeschäftigung, zur Untermalung des Alltags und um Zeit zu überbrücken. Musik ist jedoch am schönsten, wenn wir ihr unsere volle Aufmerksamkeit schenken. Selbst in Songs, die man schon tausendmal gehört hat, kann man noch kleine Details entdecken. Man muss halt nur aufmerksam hinhören.

Weiter in der Challenge. Wenn du isst, dann iss ohne das im Hintergrund YouTube oder Netflix läuft. Hast du dich schon einmal dabei erwischt, dass dein Teller plötzlich leer war, der Geschmack des Essens aber gar nicht richtig bei dir angekommen ist? Die Aufmerksamkeit war nicht bei den Nudeln in deinem Mund, sondern bei Jon Snow und seinem Drachen. Wenn du im Bus oder der Bahn sitzt, schaue mal aus dem Fenster oder lasse deinen Blick durch den Wagon schweifen. Keine Sorge, dass jemand deinen Blick auffängt und es zu unangenehmen Augenkontakt kommt. Die meisten Menschen schauen nach unten. Du weißt warum.

Einen Tag lang keine Ablenkungen. So viele Reize wie nötig, so wenige wie möglich. Dein Leben auf eine Sache konzentrieren und alles abschalten was nicht gebraucht wird. In der Theorie ganz einfach, doch du wirst feststellen, dass diese Sache mit dem simplen, einfachen Leben, eine der intensivsten Erfahrungen ist, die du jemals machen wirst.

Wir sind es nicht mehr gewohnt einfach zu sein. Jede Sekunde will und kann genutzt werden. Produktivität in jeder Lebenslage und erst recht in der Freizeit. Work hard, play hard. Hat man endlich ein wenig Zeit für die schönen Dinge des Lebens, darf kein Moment verschwendet werden. Wir schuften schließlich vierzig Stunden oder mehr, Woche für Woche, gehen ins Fitnessstudio, treffen Freunde, haben Hobbys und führen eine, oder heutzutage auch nicht mehr unüblich, mehrere romantische Beziehungen. Die »Me-time« hat den Anspruch als Verwöhnprogramm der Extraklasse, die Work-Life-Balance ins Lot zu bringen und weil das nicht reicht, knallen am Wochenende noch die Korken.

»Ich würde so gerne mal abschalten!« heißt es dann …

Doch der Workaholic von heute weiß sich zu helfen. Yoga und Meditation werden schon für Ruhe und Gelassenheit sorgen. Außerdem hat man dann gleich wieder Content für Social-Media, mit dem Freunde und Follower ihr FOMO-Baby füttern können, während man das eigene an den digitalen Brüsten, Instagram und Snapchat, stillt. Pandemie und Lockdown haben dem öffentlichen Leben zwar einen Riegel vorgeschoben und in vielerlei Hinsicht für echte Entschleunigung und Einkehr im wortwörtlichen Sinn gesorgt, doch die Einkehr zu uns selbst hat davon wenig profitiert. Die verfügbare Zeit und Achtsamkeit wurde nicht uns selbst zu Teil, sondern von den Straßen, Restaurants und Clubs, ins Internet verschoben. Corona hat nicht die Geschwindigkeit der ganzen Welt gedrosselt, sondern sie nur in andere Bahnen gelenkt.

Meditation, Minimalismus, Yoga und Lesen sind gute Möglichkeiten, um sich Mulit-Tasking abzugewöhnen und erste Schritte in Richtung eines »*one thing at a time*« Lebensstils zu unternehmen. Zwanzig Minuten Meditation am Morgen, sind aber nur ein Tropfen auf dem heißen Stein, wenn die restlichen fünfzehn Stunden und vierzig Minuten des Tages geprägt sind von Ablenkungen, Stress und Hektik. Die verbleibenden acht Stunden Nachtruhe ist unser Unterbewusstsein dann wieder mit Aufräumen beschäftigt. Doch nicht einmal dafür haben die meisten Menschen Zeit. Fünf oder sechs Stunden müssen reichen. Zu Lasten der Auf-, Ab- und Umbauarbeiten, die unser Organismus im Schlaf durchführen müsste. Wir stauen immer mehr Müll in uns an, bis Körper und Geist keine andere Wahl mehr haben, als eigenmächtig den Shutdown auszurufen. Ein interner Not-Aus-Knopf namens Burnout, der den kompletten Meltdown verhindern soll.

Diese Szenarien klingen düster und das Kapitel über die Achtsamkeit entwickelt sich zu einem richtigen Spielverderber. In Anbetracht der Tatsache, das Burnout und Depressionen auf einem historischen Vormarsch sind, ist es jedoch höchste Zeit Alarm zu schlagen und das verbale Zuckerbrot gegen Magenbitter auszutauschen. Das selbstzerstörerische Tempo unseres Lebens ist bereits so zur Gewohnheit geworden, dass selbst diejenigen, die es eigentlich am besten wissen müssten, ihm zu Opfer fallen. Yoga-Lehrer, die in ihren Klassen neben körperlichen Übungen auch Ruhe und Einkehr lehren, hetzen von Kurs zu Kurs, um genug Geld für das nächste Retreat auf Bali zu verdienen, das sie brauchen um wieder zu sich selbst zu finden. Ärzte, die so viele Überstunden machen, dass Sie von Burnout und Überarbeitung noch stärker bedroht sind als ihre Patienten. Nichts gegen Yoga-Lehrer und Ärzte, es gibt Solche und Solche. Pauschalisierungen werden niemandem gerecht. Es herrscht auch kein Mangel an guten Vorbildern, das Dilemma ist nur, dass wir von denen kaum etwas mitbekommen.

All die Leute die ein ruhiges, unauffälliges Leben auf Basis ihrer eigenen Ideale führen. All die »Langweiler«, die hinter dem Mond ihren Erfolg nicht laut feiern, sondern still genießen. Sie sind zahlreich vorhanden, doch ihre selbstgewählte Stille ist in unserer lauten, schnellen Welt kaum mehr wahrnehmbar. Die Menschen, die unser Bild von Erfolg und Lebensfreude prägen, haben meistens gemein, dass wir von ihnen und ihrem Leben sehr viel mitbekommen. Wir sehen ihren Alltag, ihren Lebensstil und Wohlstand regelmäßig in den Medien. Dementsprechend ist es kein Wunder, sondern nur eine Frage der Zeit, bis dieses Bild von Erfolg uns als vollkommen normal erscheint und wir damit beginnen, den omnipräsenten Beispielen nachzueifern. Von den Menschen hinter dem Mond, deren Errungenschaften und Lebensstilen, wissen wir vergleichsweiße wenig. Das liegt häufig daran, dass sie es genauso wollen. Es ist Teil ihres Erfolgs ein Leben zu führen von dem andere kaum Kenntnis nehmen.

Obwohl die laute Mehrheit zunehmend zerbröckelt, wird die Lautstärke unserer Welt dadurch nicht geringer. Das Aufbegehren vieler, auch noch so kleiner Minderheiten, ist gut und ein Zeichen unseres kulturellen und gesellschaftlichen Fortschritts. Wir brauchen ihre kräftigen Stimmen, die auf Missstände und Ungerechtigkeiten hinweisen, um die Zukunft für uns alle bunter und fairer zu gestalten. Genauso brauchen wir aber auch all die Menschen die es bevorzugen leise und unauffällig zu leben. Vorbilder für Ruhe und Einfachheit, die uns in Sachen Selbstfürsorge und nachhaltiger Lebensführung mit leiser Stimme den Weg weisen.

Wir wollen in einer Gesellschaft leben, in der sich alle auf Augenhöhe begegnen. Anstatt also jeden zum Schreien zu ermutigen, sollten wir auch daran denken, dem Flüstern zu lauschen, das uns die Weisheit näher bringt, die es nur hinter dem Mond zu finden gibt.

Nicht jeder hat die Möglichkeit das eigene Leben nach Belieben zu reduzieren und ein minimalistisches Dasein zu wählen. Wenn ein Partner oder Kinder ins Spiel kommen, wird die Sache schnell kompliziert. Rechnungen müssen bezahlt und Mäuler gestopft werden. Außerdem sind nicht alle die hinter dem Mond leben freiwillig dort. Viele Menschen sind dazu gezwungen »einfach« zu sein. Armut, Krankheit, familiäre Umstände und viele andere Faktoren können uns zur Einfachheit. Nichts desto trotz hat jeder von uns die Möglichkeit, das Wesentliche im eigenen Leben zu identifizieren und den Rest zu eliminieren. Nicht von heute auf Morgen, aber Tag für Tag, ein Stück weniger.

Hier schließt sich der Kreis zur verloren gegangenen Einfachheit des Alltags. Jeder von uns hat sein eigenes chaotisches Leben, das er dirigieren und managen muss. Darüber hinaus bombardieren wir uns aber noch mit so vielen anderen

Dingen, die wir gar nicht brauchen, die sich aber subjektiv wichtig anfühlen, weil wir es gewohnt sind, noch das und das und das und das … zu tun, zu wollen, zu müssen. Wir versuchen es mit Mediation, Yoga und Minimalismus um zur Ruhe zurückzufinden, sehen aber nicht den gemeinsamen Nenner hinter all diesen Dingen. Einfachheit in ihrer einfachsten Form. Für jeden zu haben, egal ob arbeitslos oder 60 Stunden Woche. Achtsamkeit.

Die Sache mit der Achtsamkeit ist folgende …

Wie sollen wir das Wesentliche identifizieren können, wenn wir die ganze Zeit mit anderem Zeug beschäftigt sind? Wer sich permanent ablenkt und all seine Sinne bindet, hat gar nicht die mentale Kapazität und Energie um die wichtigen Dinge des Lebens ausfindig zu machen. Wir spüren, dass wir Ballast abwerfen müssen um nicht unterzugehen, doch aus Angst etwas von Bord zu werfen, was man noch brauchen könnte, machen wir dann lieber einen Schritt in die andere Richtung und fügen unserem Leben noch mehr hinzu. Ein bisschen mehr Yoga, mehr Meditation, mehr Lesen. Viel hilft viel, richtig? Wenn du Ruhe suchst, musst du deinem Leben nichts mehr hinzufügen. Entferne den Lärm und die Ablenkungen, dann kommt die Ruhe von ganz allein. Natürlich kann es helfen zu meditieren, Yoga zu praktizieren und zu lesen. Wenn du diese Dinge aber irgendwie gerade noch so in deinen Alltag presst, hast du am Ende noch mehr zu tun, als ohnehin schon und dadurch letzten Endes nichts gewonnen. Wir lesen schnell ein paar Seiten in der U-Bahn, während es von allen Seiten kracht. Nur noch einen Absatz vor der nächsten Station und … BrrrBrrr … schnell noch eine WhatsApp-Nachricht beantworten. Geht ja nicht anders, schließlich müssen wir rechtzeitig beim Yoga sein und danach noch einkaufen.

Das stört dich alles nicht? Du kannst dich in dein Buch vertiefen und alles um dich herum ausblenden? Selbst wenn Multi-Tasking für dich tatsächlich funktioniert, ergibt hundert geteilt durch zwei nicht zweimal hundert. Wer seine Achtsamkeit auf den Weg und das Buch gleichzeitig verwendet, hat von beidem nur noch die Hälfte. Mach doch lieber mal eine Sache zu 100% und dann erst die Nächste.

Jeder Moment in dem wir im Hier und Jetzt verweilen, ist eine Möglichkeit genau das zu üben. Ein kurzer Moment der Sammlung und Meditation. Jeder Augenblick in dem wir auf das konzentriert sind, was wir gerade tun, ist ein Moment Urlaub von allem anderen. Ein Augenblick ohne Sorgen über das was kommt und ohne Reue über das was war. Minimalismus beginnt nicht erst, wenn du deinen Kleiderschrank ausmistest. Minimalismus beginnt hier und jetzt, wenn du dich dazu entscheidest, deine Aufmerksamkeit ganz diesem Buch zu widmen. Mediation beginnt nicht im Lotus-Sitz mit gefalteten Händen, sondern jetzt in diesem Moment. Du hast jetzt und jetzt und jetzt und jetzt die Chance dazu anzufangen.

Jedes Mal wenn du einfach nur Musik hörst, ohne irgendetwas anderes nebenher zu erledigen, trainierst du deine Achtsamkeit. Jedes Mal wenn du isst und dabei nur auf dein Essen achtest, stärkst du deine Konzentration. Tag für Tag wirst du besser darin, dein Leben selbstbestimmt zu steuern und die für dich wichtigen Dinge zu erkennen. Du lässt dich nicht mehr von unnötigem Ballast ablenken, im Gegenteil. Du merkst wie bedeutungslos die meisten scheinbar dringlichen Angelegenheiten und Zeitfresser wirklich sind. Nach und nach verschwindet so auch die Angst davor dein Leben zu entrümpeln. Du fühlst, wie wenig du wirklich brauchst, wenn die Gegenwart ganz in deiner Hand liegt. Du lernst aus den Fehlern der Vergangenheit, planst was geplant werden muss, und kommst dann wieder zurück in die Realität, ins Hier und Jetzt.

Dein Leben verliert an Fülle und gewinnt an Tiefe. Es wird immer simpler und leichter. Einfacher und intensiver. Achtsamkeit ist der kleinste gemeinsame Nenner. Der erste und letzte Schritt zum Erfolg.

Die Sache mit dem Ego …

Der Weg zum Erfolg ist anstrengend und manchmal auch sehr einsam. Zweifel und Schicksalsschläge werden dich immer wieder ausbremsen und zu Umwegen zwingen. Es wird Momente geben, in denen du orientierungslos und erschöpft dein ganzes Leben in Frage stellst und bereit bist alles hinzuschmeißen. Du verstehst nicht, wie du hier gelandet bist und noch weniger, wie es weitergehen soll. Ausgerechnet in so einem Moment kommt garantiert noch irgendein Arschloch vorbei, rammt dir den Ellbogen in die Rippen und beschwert sich, dass du faul im Weg rumstehst. Das Leben ist nicht fair.

Doch du gibst nicht auf. Irgendwie schaffst du es dich noch einmal neu zu motivieren und weiterzumachen. »Bald bin ich da!« denkst du, obwohl alles in dir danach schreit aufzugeben. Du rappelst dich mit letzter Kraft wieder auf. Die Hoffnung treibt noch einmal voran, bis sich die nächste Herausforderung, das nächste, scheinbar unüberwindbare Hindernis, vor dir aufbaut und deine Zuversicht im Bruchteil einer Sekunde wieder erstickt. Du hast keine Ahnung, wie du das jetzt schon wieder schaffen sollst. Warum jetzt? Warum ich?

Dein Traum, der dich anfangs mit glühender Leidenschaft dazu angetrieben hat, diese lange Reise zu beginnen, verblasst zunehmend im Angesicht der gnadenlosen Realität. Lediglich ein schwaches Glimmen erinnert dich noch an das Feuer, das einmal in dir brannte. Ein Glühen, das zu schwach ist, um die Zweifel und Sorgen fern zu halten, die in der Dunkelheit deines Verstandes lauern. »Lohnt sich das überhaupt noch? Mache ich gerade einen riesen Fehler?«

Die ängstliche Stimme wird immer lauter, doch du gewöhnst dich langsam an dieses Monster in deinem Kopf. Du hast akzeptiert, dass jedes gelöste Problem zwei neue aufwirft. Die freudige Erwartung, dass hinter der nächsten Kurve endlich der verheißungsvolle Topf voll Gold auf dich wartet, ist schon vor langer Zeit gestorben. Doch es stört dich nicht mehr. Selbstbewusst und von Narben übersät erwartest du das nächste Hindernis. Ein weiteres Mal wirst du zu Boden geworfen, ein weiteres Mal rappelst du dich wieder auf und klopfst dir den Staub von den Schultern. Du blickst nach oben, um dem nächsten Monster die Stirn zu bieten, doch vor dir steht kein Monster. Da steht ein Topf voll Gold. Ungläubig stellst du fest, dass du es geschafft hast. Du bist angekommen.

Irgendwann endet die Reise tatsächlich. Die Beförderung, der Plattenvertrag oder das Staatsexamen. Erledigt! All die Qualen der letzten Monate und Jahre beginnen zu verschwimmen. Tiefe Erleichterung bricht über dich herein, als du mit dem letzten Schritt endlich auf der anderen Seite der Ziellinie zum Stehen kommst. Herzlichen Glückwunsch! Es ist tatsächlich an der Zeit, das lang ersehnte Glück in die Arme zu schließen. Du kannst es kaum glauben, als der holprige Pfad in einem roten Teppich mündet. Der Erfolg liegt dir zu Füßen und dann …

Dann ist niemand da. Stille. Du bist allein. Der Weg, der so lange dein Lebensinhalt war, ist zu Ende. Ruhe zieht ein, während du langsam deinen rechtmäßigen Platz ganz oben auf dem Siegertreppchen einnimmst. Da stehst du nun erschöpft und verlassen im trüben Halbdunkel. Du atmest Erleichterung aus und Leere ein. Eine reinigende Leere, die aber mit jedem Atemzug schwerer zu werden scheint. Eine Leere, die sich in dir ausbreitet. Eine Leere aus der du ein Flüstern hörst: »Ich will …«

Die Stimme lässt dich unruhig werden. Hektisch schaust du umher, in der Hoffnung einen anerkennenden Blick aufzufangen, doch da ist niemand. Keine Freunde, Familie oder Fans. Kein lobendes Wort, das die Bestie in deinem Kopf besänftigen könnte. Fühlt sich so Erfolg an? Du kannst es dir nicht erklären, doch du spürst, dass du MEHR wolltest. Das Flüstern wird lauter und du weißt es gibt nur eine Möglichkeit, die Stimme zum Schweigen zu bringen.

»Hallo! Hier bin ich! Ich hab's geschafft!«

Keine Antwort.

Tut mir Leid, die Siegerehrung wurde wegen mangelndem Interesse abgesagt und jetzt runter vom Podium!

Wie fühlst du dich bei diesem Gedanken? Erfolgreich? Glücklich? Was zum Teufel passiert hier gerade? Warum fühlt sich dein Triumph so unbefriedigend an? Das einzige was zählt, ist doch das Ergebnis! Ist es nicht egal, ob hinter der Ziellinie jemand auf dich wartet oder nicht?

Die Sache mit dem Ego ist folgende …

Nein, es ist nicht egal. Erfolg für sich genommen ist wunderbar. Aber Erfolg für sich genommen reicht uns nicht. Menschen wollen, dass ihre Leistungen und Errungenschaften auch bemerkt und im besten Fall honoriert werden. Das gilt nicht nur für Narzissten oder Personen mit ausgeprägten

Minderwertigkeitsgefühlen, sondern je nach Situation und Thema für jeden Einzelnen von uns. Erst wenn das Erreichte Anerkennung gefunden hat, entfaltet sich das siegreiche Gefühl vollständig. Gewinnen, in welcher Form auch immer, ist nur die eine Seite der (Gold)Medaille. Ganz oben auf dem Siegertreppchen stehen und unter den Augen tausender jubelnder Fans die Goldmedaille um den Hals gelegt zu bekommen, ist die andere. Erst jetzt entspannt sich das eigene Ego und wir sind tatsächlich am Ende des Weges angekommen. Das Ziel ist manchmal gar nicht die Ziellinie.

Ist das verwerflich? Im Gegenteil, es ist zu tiefst menschlich! Axel Hacke schreibt in seinem Buch Über *den Anstand in schwierigen Zeiten und die Frage, wie wir miteinander umgehen*, dass der Wunsch eine Rolle im Bewusstsein anderer Menschen zu spielen eine anthropologische Konstante ist. Nach Ruhm und Ehre zu streben ist demnach ein Begehren, das sich durch die ganze Menschheitsgeschichte zieht und tief in unserem Denken und Handeln verwurzelt ist. Man will nicht nur selbst die Früchte der eigenen Arbeit sehen, sondern man will auch, dass Andere sie sehen. Erst recht, wenn man viel Zeit und Energie in eine Sache investiert hat. Umso steiniger der Weg zum Erfolg war, desto größer ist meistens auch der Wunsch nach einer entsprechenden Würdigung. Es ist normal, sich Anerkennung und Bewunderung zu wünschen und nicht nur das. Aus »dem Wunsch im Bewusstsein Anderer eine wichtige Rolle zu spielen« schöpfen wir mitunter enorm viel Motivation! Unser nach Ruhm und Ehre eiferndes Ego, treibt uns dazu an Großartiges zu vollbringen und die eigenen Grenzen wieder und wieder zu überwinden. Viele Persönlichkeiten, denen man ein großes Ego nachsagt, haben genau aus diesem Grund immer wieder Außergewöhnliches erreicht.

Kanye West geriet in der Vergangenheit oft wegen seines vermeintlich riesigen Egos in die Kritik und wurde deshalb zu einer regelmäßigen Zielscheibe der Medien. Zu Unrecht? In einem Interview mit BBC Radio 1 erklärte er:

»When someone comes up and says something like, 'I am a god,' everybody says 'Who does he think he is?' I just told you who I thought I was. A god. I just told you. That's who I think I am.«

Großes Ego? Wer sich öffentlich selbst zu einem Gott erklärt, ist von stiller Bescheidenheit auf jeden Fall weit entfernt. Mr.West hat in seiner Musikkarriere bisher gigantische Erfolge gefeiert, war für sage und schreibe siebzig Grammys nominiert, von denen er einundzwanzig gewinnen konnte (Stand 01/2021). Hat er sich damit dann nicht auch das Recht dazu verdient, sein Selbstbild zu glorifizieren und sich für besser als alle anderen zu halten? Die Antwort auf diese Frage gibt er uns natürlich selbst. Im Song *Classics* sagt er:

»That's so novice, I'm so polished, I got a right to be a lil bit snobbish.«

Er räumt sich selbstsicher die Freiheit ein, aufgrund seiner Leistungen ein bisschen snobistisch, sprich arrogant und überheblich, sein zu dürfen. Zwischen ein bisschen Arroganz und der Aussage »I am a god!« besteht für ihn anscheinend nur ein gradueller Unterschied. Kanye ist aber nur ein Beispiel von vielen. Der New Yoker Rapper A$AP-Rocky hat zwar noch keine einundzwanig Grammies vorzuweisen, macht Mr.West in Sachen Ego aber bereits Konkurrenz. In seinem Song *Wassup* stellt er klar:

»only thing bigger than my ego is my mirror.«

Ein bisschen Ego gehört zur Welt des Hip-Hop aber einfach mit dazu. Sowohl dem Musikgenre, als auch dem dazugehörigen Lebensstil, würden Zurückhaltung und Mäßigung nicht gut stehen. Man könnte zusammenfassen: Dicke Egos und Schwanzvergleiche im Hip-Hop sind eine subkulturelle Konstante. Shout out to Axel Hacke!

Die wahren Goldmedaillenträger unter den dicken Egos finden wir aber nicht in der Musikindustrie, sondern in der Politik. Vorausgesetzt, man darf das Politik nennen, was manche einer da an Scheiße verzapft hat. Such dir irgendeinen Diktator aus, egal ob lebendig oder bereits abgesetzt, gehängt, vergiftet, was auch immer. Um sich zum Alleinherrscher aufzuschwingen bedarf es schon einer gehörigen Portion Ego. Reichspräsident und Reichskanzler, wird dem eigenen Selbstbild nicht gerecht? Der Titel Führer gefällt dem Ego da schon besser! Eine allgemein gängige Heilsbekundung auf den eigenen Namen, rundet den manischen Kult um die eigene Person auf erschreckende Art und Weise ab. Dagegen wirken Kanye und A$AP-Rocky wie Bettelmönche.

Zugegeben, der Vergleich war ein klein wenig unter der Gürtellinie. Falls sich irgendjemand darüber echofieren möchte, nur zu! Gerne weiter erzählen, tweeten und medial hochkochen. Vielleicht werde ich dann ja zu Markus Lanz eingeladen um mich öffentlich zu rechtfertigen. Der Spiegel in meiner Umkleide muss aber mindestens 1,80m hoch sein …

Richtig interessant und eindrucksvoll wird es in Sachen Ego, wenn wir den Blick durch die Antike schweifen lassen! Alexander der Große trägt sein Ego quasi im Namen. Vor über 2000 Jahren eroberte er nahezu die gesamte damals bekannte Welt, nur um zu beweisen, dass er der größte Herrscher von

Allen ist. Nicht lange nach seinem Tod zerbröckelte dieses Weltreich bereits wieder. Viel Blut und Tod für nichts. Was sich von ihm und seinem Wirken ins kollektive Gedächtnis gebrannt hat, sind vor allem die Erzählungen über seinen unstillbaren Durst nach Ruhm und Macht. Alexander, der mit dem großen Minderwertigkeitskomplex.

Genauso wie er, wird auch Donald Trump in die Geschichte eingehen. Nicht wegen seiner Verdienste als US-Präsident, sondern in erster Linie aufgrund seines *very large brains* und all des daraus entsprungenen Größenwahns. Das Ego von Mr.President ist nicht groß, es ist huuuuge.

An guten Beispielen für übersteigerte Selbstbilder mangelt es also nicht. All diese teilweise toxisch mutierten Egos und deren Besitzer, wollen in der Regel genau eine Sache: Wertschätzung. Dafür bauen sie ein Image, eine Marke, einen Mythos auf, der die Zeit überdauern soll. Ein kleines Stück Unsterblichkeit. Viele von ihnen schaffen es mit dieser *larger than life* Mentalität tatsächlich auch Bewunderung und bleibende Bekanntheit zu erlangen. Doch um welchen Preis?

Der berühmt berüchtigte Kaiser Nero ist ein mahnendes Beispiel für die unvorstellbaren Gräueltaten, die ein fehlgeleitetes Selbstbild zur Folge haben kann. Er ließ gnadenlos alle anders denkenden politischen Konkurrenten verfolgen, töten oder ins Exil verbannen. Während dessen ging er auf den Theaterbühnen des römischen Reichs seinem Traum von einer Karriere als Schauspieler und Sänger nach. Es ist überliefert, dass sein Publikum widerwillig und nur aus Angst vor dem Zorn ihres Herrschers, seinen ausufernden Aufführungen beiwohnte. Der Despot badete im falschen Applaus der Menge, während sein Reich in Korruption und Gewalt versank. An ihm zeigt sich besonders eindrucksvoll, was für fatale Folgen das Streben nach Macht, Ruhm und Ehre haben kann.

Der fehlgeleitete Wunsch nach Einfluss und Bewunderung gehört zu den offensichtlichsten Folgen eines gestörten Egos. Doch die Symptome sind noch viel zahlreicher. Auch wenn es nicht darum geht sich wie im Falle von Nero selbst ein Denkmal zu setzen, hat unser Ego, wie der Name bereits verrät, eine ungesunde Eigenfixierung auf die eigenen Interessen und Wertvorstellungen zur Folge. Während der Egozentriker selbst der festen Überzeugung ist eine moralische oder ideelle Hoheit zu haben, die sein Verhalten legitimiert, müssen alle anderen unter ihm und seiner Kompromisslosigkeit leiden. Das gilt sowohl für den Umgang mit Freunden und Familienangehörigen, wie auch, im schlimmsten Fall, für Kriege und religiöse Auseinandersetzungen.

Joseph Goebbels, Reichsminister für Volksaufklärung und Propaganda im dritten Reich, führender NSDAP-Politiker und allen voran ein schrecklicher Kriegsverbrecher, sah seine eigene, ewige Verdammnis im Auge der Geschichte voraus, als er sagte: »Wir werden als die größten Staatsmänner aller Zeiten in die Geschichte eingehen. Oder als ihre größten Verbrecher.«

Die Worte Ruhm und Ehre, werden oft in einem Atemzug genannt. Es sind jedoch zwei Begriffe, die, wie im Falle von Goebbels, häufig so gut wie nichts miteinander zu tun haben. Wer von Weltherrschaft und Dominanz einer vermeintlichen Herrenrasse träumt und sich zu deren führenden Köpfen zählt, hat jenseits aller Rechtfertigungen für die eigenen Verbrechen, ein ganz gewaltiges Problem mit dem eigenen Ego.

Der Lauf der Geschichte hätte sich anders entfaltet, wenn gewisse Menschen dazu in der Lage gewesen wären, ihr Ego zu kontrollieren, anstatt zu versuchen die ganze Welt zu kontrollieren. Wer seiner Nachwelt positiv in Erinnerung bleiben will, schafft dies am ehesten indem er sein eigenes Ego, zum Wohle anderer, in die Schranken weist.

Was uns wirklich beeindruckt sind Menschen, die sich selbst hinten anstellen. Tugendhafte Vorbilder, denen Ruhm und Ehre gelinde gesagt, am Arsch vorbeigehen. Ghandi, Mandela, Martin Luther King und Mutter Theresa gehören zu den eindrucksvollen und bedeutsamen Persönlichkeiten, deren Namen für alle Zeit in allgemein guter Erinnerung bleiben werden. Keiner der Genannten war darauf aus, sich einen Legendenstatus aufzubauen, oder die Welt um jeden Preis dem eigenen Willen zu unterwerfen. Wofür wir sie bewundern ist ihre Hingabe und Selbstlosigkeit. Kein alles überstrahlendes Ego, sondern eine alles überstrahlende Bestimmung. Ein Ziel, eine Aufgabe, weit größer als die Person selbst. Sie haben sich und ihr Ego geopfert, um anderen zu helfen. Ruhm und Ehre sind Begleiterscheinungen ihres Wirkens. Wertschätzung ist ein Nebenprodukt von guter Arbeit. Wenn Wertschätzung zum Ziel der Arbeit wird, wird die Arbeit zum Nebensache.

Auch Massenmörder wie Hitler, Stalin und Nero hatten eine für sie alles überstrahlende Aufgabe, die es nach ihrer Meinung zu erfüllen galt. Doch ihr Weltbild war vergiftet. Ihr Ego so riesig und toxisch, dass sie selbst nicht dazu in der Lage waren, die Wahrheit vor der eigenen Nase zu erkennen. Ego in seiner schlimmsten und destruktivsten Form. Zu groß und zu engstirnig, um die eigene Verblendung zu erkennen. Selbst wenn die ganze Welt »Stopp!« schreit.

Die Vergangenheit lässt sich nicht mehr ändern, doch es liegt in unserer Hand, die Zukunft im Interesse aller Menschen zu gestalten. Wie sich die Rolle, die wir im Bewusstsein anderer spielen, dabei entwickelt, offenbart der Zahn der Zeit. Für was willst du erinnert werden? Für dein Ego, oder für alles, was du trotz deines Egos geschafft hast?

Nach diesem etwas düsteren historischen Rückblick, widmen wir uns wieder den wirklich wichtigen Themen. Hip-Hop.

Auf dem anfangs zitierten Song *Classics* in dem sich Gott, a.ka. Kanye West, das Recht herausnimmt »a lil bit snoobish« zu sein, sind noch drei weitere Rapper vertreten, die das Genre mit ihrer jahrzehntelangen Arbeit revolutioniert haben. Rakim, Nas und KRS-One. Keiner der drei Genannten hat heute noch die Bekanntheit, die Kanye auf sich zieht. Doch diese Pioniere haben den Weg geebnet auf dem er, A$AP-Rocky und so viele andere, heute ihren Erfolg begründen. Diese Legenden haben ihr Ding gemacht und werden dafür von Hip-Hop Fans auf der ganzen Welt für alle Zeit verehrt werden. Im angesprochenen Song bringt KRS-One diese Tatsache und den wichtigen Unterschied zwischen Arroganz und begründetem Selbstbewusstsein, mit folgender Zeile auf den Punkt:

«Me, I got no jewels on my neck.

Why? I don't need 'em, I got your respect."

Wer wieder und wieder bewiesen hat, dass er nicht nur heiße Luft produziert, sondern einen Track Record an Erfolgen vorzuweisen hat, der hat es auch nicht nötig der Außenwelt immer wieder die eigene *Greatness* unter die Nase zu reiben.

Es wirkt beinahe lächerlich, wenn erfolgreiche Musiker sich nicht über ihre Musik, sondern vor allem über ihren finanziellen Reichtum profilieren. Wer hingegen über Jahre hinweg bleibenden Eindruck in den Ohren von Millionen Fans hinterlassen hat, der hat wohl auch nur wenig Interesse daran sich selbst auf Schmuck und teure Autos zu reduzieren.

Hast du 21 Grammys gewonnen, kannst du natürlich mit gutem Grund als selbstbewusster Musiker und Produzent auftreten. Musiker und Produzent ja! Gott nein! Der Unterschied zwischen Selbstbewusstsein und Ego ist nicht immer so leicht zuerkennen wie im Fall von Kanye West. Während Ego den Charme einer Märchengeschichte aus tausend und einer Nacht versprüht, ist unser Selbstbewusstsein das Resultat ehrlicher und harter Arbeit. Das eine hilft uns dabei zufrieden in uns selbst zur Ruhe zu kommen. Das andere schreit laut nach MEHR und findet dabei alles Mögliche, nur kein Glück.

Solange dein Ego dich unterdrückt, wirst du dich erst gut fühlen, wenn die ganze Welt dir bestätigt, wie großartig du bist. Du kannst dich « … der Große» nennen und am Ende trotzdem ein kleines Häufchen Elend sein, das von Selbstzweifeln und Reue geplagt alles und jeden von sich stößt. Wenn du dich selbst zum Gottkaiser krönst, ist es egal ob diese Behauptung irgendeine Legitimation hat oder nicht. Hast du nämlich die ganze Welt, oder deinen Freundeskreis, in Schutt und Asche gelegt, hat dich am Ende keiner mehr lieb.

Natürlich wird man sich an Trump, Kanye West und Alexander den Großen noch lange Zeit erinnern. Das steht außer Frage. Aber waren, oder sind, diese Menschen auch glücklich?

Wie würdest du dich fühlen, wenn dir dein Selbstbild und Image enorm wichtig sind, gleichzeitig die halbe Welt aber darin übereinstimmt, dass du ein riesen Arschloch bist? Sogar Obama hat Kanye West schon einen Idioten genannt. Mit Trump fangen wir besser gar nicht erst an.

Die Sache mit dem Ego verschleiert, dass sich hinter unserem Wunsch nach Erfolg und Anerkennung oftmals der viele größere Wünsch nach Zuneigung und Liebe versteckt. In Folge dessen geben wir unser Glück komplett aus der Hand und bitten andere darum, es uns wieder zu geben. Wir tun alles Mögliche, nur um Aufmerksamkeit zu ergattern. Freunde, die Familie und auch komplett fremde Menschen, sollen Zeugen unserer Leistungen werden, um uns unseren Wert als Mensch zu bestätigen. Erst dann fühlen wir uns erfolgreich. Erst dann fühlen wir uns gut und kurzfristig zufrieden. Zur Befriedigung dieses Drangs investieren Menschen immer wieder immens viel Zeit, Geld und Energie in irrwitzige Vorhaben. »Alles für den Erfolg!«, sagt unser Ego. Letzten Endes treiben wir uns damit jedoch nur tiefer in die Abhängigkeit von gutem Zuspruch. Unsere objektiven Erfolge fühlen sich, ohne die begeisterte Validierung Außenstehender, subjektiv nie zufriedenstellend an. Unser Selbstbewusstsein jubelt zwar kurz auf, hat jedoch kein stabiles Fundament und reagiert auf anders geartete Meinungen und Kritik deshalb mit extremer Ablehnung.

Aus dem Wunsch, im Bewusstsein anderer eine wichtige Rolle zu spielen, entwickelt sich so eine hoch verletzliche und emotional instabile Persönlichkeit. Ein Charakter, der auf der einen Seite wie die Karikatur eines unbesiegbaren Halbgottes wirkt, auf der anderen Seite jedoch hochsensibel ist und sofort hochkocht, wenn man ihm zu Nahe tritt. Schreckliche Hilfeschreie eines nicht verstandenen Egos.

Albert Schweizer sagte einmal: »Glück ist das einzige, was sich verdoppelt, wenn man es teilt.« So weit, so gut. Doch der Teufel namens Ego steckt im Detail. Wenn es uns bei unserem Ziel, für das wir so hart gearbeitet haben, gar nicht um die Sache selbst geht, sondern unser Ziel nur Mittel zum Zweck ist, um Bestätigung, Bewunderung, oder das Gefühl »im Recht« zu sein, zu ernten, dann wird Ego zum Problem. Die »Lücke« zwischen objektiv erreichtem und subjektiv erlebtem Erfolg, klafft so weit auf, dass wir gar nicht mehr dazu in der Lage sind mit uns selbst glücklich zu sein. Wir brauchen die Bestätigung von außen, um unseren Erfolg spüren zu können. Alles andere ist unbefriedigend. Das Zitat von Albert Schweizer wird durch zu viel Ego ausgehebelt. Das Glück über unseren erreichten Erfolg wird durch das Teilen nicht verdoppelt, sondern das Teilen wird obligatorisch für die Entstehung des Glücks.

Die Sache mit dem Erfolg hat uns gezeigt, dass die Suche nach wahrem Glück bei uns selbst beginnt und endet. Die Sache mit dem Ego sorgt jedoch dafür, dass wir unser Glück von der Außenwelt und den Reaktionen unserer Mitmenschen abhängig machen. Wir suchen unser Glück überall, nur nicht dort, wo wir es finden können. Wenn du wissen willst, ob du ein Ziel wirklich wegen der Sache selbst verfolgst, oder ob es eine dahinterstehende persönliche Agenda gibt, um zum Beispiel irgendwem irgendwas zu beweisen, dann stell dir folgende Frage:

»Macht mich mein Ziel auch dann glücklich, wenn ich es erreiche, ohne jemandem davon zu erzählen?«

Ist die Antwort kein klares *Ja*, dann hat dein Ego auf jeden Fall seine Finger mit im Spiel. In diesem Fall solltest du ihm ein gut gemeintes »Warum?« an den Kopf werfen, um der Welt und dir selbst einen Gefallen zu tun. Wenn du erkennst, dass Geltungsdrang, verletzte Ehre oder emotionale Unsicherheit dein Handeln beeinflussen, kannst rechtzeitig inne halten und dich selbst daran erinnern, dass du dein eigenes Glück nicht mehrst, sondern schmälerst, wenn solche Gefühle dein Verhalten stark motivieren.

Nichts desto trotz ist unser Ego natürlich nicht per se böse. Es will uns schützen, indem es dafür sorgt, dass wir unsere eigenen Interessen und Bedürfnisse nicht vernachlässigen. Ebenso ist es ein großer Motivator, auf den viele große Leistungen und Errungenschaften der Menschheit zurückgehen. Man denke nur an Michael Jordan, dessen Name wie kein zweiter für absolute Dominanz, Hingabe und Exzellenz steht und der Zeit seines Lebens von einem gigantischen Ego dazu angepeitscht wurde, immer der Beste sein zu müssen. Gleichzeitig berichten viele Quellen jedoch von seiner sozialen Unverträglichkeit, seiner Härte im Umgang mit Mitmenschen und Teamkameraden, sowie seiner geradezu legendären Dünnhäutigkeit. Kleinste Bemerkungen reichten bereits aus und MJ »took it personaly!«

Das es jemand schafft, sein gewaltiges Ego so genial zu kanalisieren wie Jordan es tat, ist beeindruckend. Ein Paradebeispiel für die enormen inneren Kräfte, die unser Ego freisetzen kann. Dass sein Vorbild uns so motivierend und positiv entgegenstrahlt, verblendet jedoch die Tatsache, dass wir die eben genannten Schattenseiten, die ein solches Ego mit sich bringt, nur zu gerne übersehen. Jordan ist zweifellos eine inspirierende Ausnahmeerscheinung und in Sachen Basketball der unangefochtene G.O.A.T. (*Greatest of all time*). Doch auf jeden Michael Jordan, der durch sein Ego zu einer lebenden

Legende wird, kommen zahllose Menschen, die psychologisch an ihrem übersteigerten Selbstbild und den daraus resultierenden Erwartungen zerbrechen. Selbst wenn die durch Ego motivierte Arbeit von Erfolg gekrönt ist, ist der Mensch dahinter oft gebrochen und unglücklich.

David Moustaine, ehemaliger Gitarrist von *Metallica*, wurde Mitte der 80er aus der legendären Metalband geschmissen und durch Kirk Hamett ersetzt. Moustaine gründete daraufhin seine eigene Gruppe namens *Megadeth*, die sich mit zahlreichen erfolgreichen Alben und Touren, ebenfalls einen Platz im Musik-Olymp erspielt hat. In einem offenherzigen Interview gestand er jedoch, dass ihm der unrühmliche Rauswurf bei Metallica bis heute zu schaffen macht. Megadeth sollte seine Antwort und der Beweis dafür sein, dass seine ehemaligen Kollegen einen fatalen Fehler begingen, als sie ihn gegen seinen Willen ersetzten. Er wollte seinem Ego mit dem Erfolg seines neuen Projekts Genugtuung verschaffen. Doch trotz der unglaublichen Erfolge, die er mit Megadeth einfuhr, wurde er dem Anspruch seines Egos nie gerecht. Es hat ihn all die Jahre angetrieben, doch letzten Endes stand es seinem Glück im Weg. Die Lücke zwischen objektivem und subjektivem Erfolg, ließ sich in seinem Fall nie vollends schließen, da sein Ego sich weigerte die Vergangenheit ruhen zu lassen.

Doch macht es überhaupt einen Unterschied, wie sich die Motivation hinter großartigen Leistungen, letzten Endes zusammensetzt? Immerhin bereicherte Megadeth mit seiner Musik die Leben tausender Fans. Alles ein Produkt von Dave Moustaine und dessen gekränktem Stolz. Ist die zugrunde liegende Absicht nicht zweitrangig, wenn am Ende ein phänomenales Endergebnis steht? Es macht keinen Unterschied. Nicht für die Menschen, die die Früchte der Arbeit lobpreisen und genießen. Sehr wohl aber für den und diejenigen, die hinter dem Erfolg stehen. Für dich macht es einen Unterschied, ob du liebst was du tust, oder nur jemandem etwas beweisen willst. Ob es dir Freude bereitet, dich für deine Leidenschaften aufzuopfern, oder ob du getrieben bist vom Wunsch im Bewusstsein anderer eine wichtige Rolle zu spielen und dein Leben nur ein Mittel ist, um genau das zu erreichen. Das Warum hinter deinen Zielen macht einen gewaltigen Unterschied!

Auf der Suche nach Erfüllung und Seelenfrieden, sind objektiver Erfolg und innerer Frieden, zwei grundverschiedene Dinge. Egal wie hart du an etwas arbeitest und egal wie großartig sich dein Erfolg im Auge deiner Mitmenschen auch entfalten mag. Solange dein Ego die Zügel in der Hand hat, macht dich das alles nicht lange glücklich. Jede kritische Stimme, die aus dem Chor an Lobpreisungen ausbricht, ist in deinen Ohren unerträglich laut. Die Freude über das Erreichen eines Ziels, ebbt zeitgleich mit der Bewunderung deines Umfelds wieder ab. Was bleibt ist Leere. Ein Vakuum, das deine Zufriedenheit einsaugt und erstickt, noch bevor du sie auch nur ansatzweise ausgekostet hast. Und da erklingt sie wieder, die Stimme. Ein leises Flüstern, dass sich in der Leere ausbreitet. Der Tinnitus deiner Seele »*Mehr ... Mehr ... Mehr!*«

Ego lässt uns blind und dumm werden. Allein der Gedanke, dass man sein eigenes Ego im Griff hat, ist ein Trugschluss in sich. »Ich habe mein Ego unter Kontrolle« sprach das Ego.

Manchmal ist es ein großer Motivator. Oftmals aber auch ein wahrer Poet in Sachen Ausreden. »Versuch es gar nicht erst, die Anderen verstehen dich nicht und die Welt ist ohnehin unfair!« Ego hat nur das Beste verdient! Keine Lust sich mit harter, glanzloser Lehrlingsarbeit oder langweiligen Basics auseinanderzusetzen. Gestern zum ersten Mal einen Basketball in der Hand gehalten und morgen schon die perfekte Wurftechnik predigen. Ego will den roten Teppich und zwar so schnell wie möglich! Egal, ob das Fundament stabil ist, was zählt ist die glänzende Fassade! Ego hat kein Interesse daran den Weg zu genießen. Es geht nur um das Ankommen. Ego sieht das Ziel und den Erfolg. Ego lebt in der Vergangenheit und für die Zukunft. Die Gegenwart ist uninteressant.

Ziele und Vorsätze scheitern nicht an zu wenig Planung, sondern daran, dass dein Ego dir weiß macht, du müsstest nichts planen. Während alle anderen den langen harten Weg einschlagen müssen, um ans Ziel ihrer Träume zu gelangen, bist du einen Schritt voraus! Begabt und talentiert genug, um deine Träume auch ganz ohne Plan, mit bloßer Willenskraft, in die Realität zu zwingen. Ego lässt dich glauben, dass du dazu in der Lage wärst, weil du eben du bist. Eine sinnlose Logik, die unserem Ego als Begründung jedoch reicht.

Mit solch einer Einstellung, fahren wir unser Leben früher oder später mit Vollgas gegen die Wand. Je länger wir uns von der Fassade unseres Egos blenden lassen, desto schmerzhafter wird der Zusammenprall mit der gnadenlosen Realität. Doch selbst dann noch, wenn wir ungebremst gegen die metaphorische Mauer knallen und auf die harte Tour lernen, dass unser Verhalten dumm und kurzsichtig war, kommt unser Ego noch daher und redet uns ein, dass wir alles richtig gemacht haben. Die Anderen sind schuld! Der Penner, der die Mauer gebaut hat, nicht wir selbst!

Diese überspitzen Vergleiche treffen mal mehr, mal weniger auf uns alle zu. Jeder von uns hat diesen Persönlichkeitsanteil, der unter der Oberfläche brodelt und nur auf seine Chance wartet, sich Gehör zu verschaffen. Wir nehmen den Einfluss unseres Egos nur selten bewusst war. Es kann laut sein und nach Aufmerksamkeit brüllen, doch viel häufiger ist es eine leise Stimme, die uns gekonnt einlullt und aus dem Unterbewusstsein heraus manipuliert. Dort lebt unser Ego und geht leidenschaftlich seiner Arbeit als Türsteher unserer Komfortzone nach. Was sich gut anfühlt, und dem Ego Honig ums Maul schmiert, darf eintreten. Alles andere wird platt gemacht oder zumindest ignoriert. Diese Politik gilt nicht nur für Gäste von außen, sondern allen voran für uns selbst. Der sprichwörtliche Schatten, über den wir springen müssen, um unsere Gewohnheiten und unser Leben zu verändern, heißt Ego. Dieser kleine Jammerlappen ist es, der sich an alles Altbekannte und Vertraute klammert. Veränderung würde ja bedeuten, dass unser bisheriges Verhalten in irgendeiner Form ungenügend oder nicht richtig war. Vielleicht sogar, dass wir Fehler gemacht haben und das nicht nur einmal! Von Schuldeingeständnisse und Fehlern will das Ego überhaupt nichts wissen. Frag' mal Donald Trump.

Hoffentlich verstehst du nun besser, was dein Selbstbild wirklich ist und was es sein kann. Ein fester Teil des menschlichen Wesens, ein riesiger Motivator, aber eben auch ein großer Lügner, Zerstörer und Feigling. Sei vorsichtig, sonst frisst es dich von innen heraus auf! Du merkst es erst, wenn du statt Glück nur noch Leere in dir trägst. Sei kritisch mit dir selbst, deinen Zielen und den Geschichten die du dir täglich erzählst. Denk daran, dass deine Realität niemals objektiv ist! Du bist ein Produkt deiner Gewohnheiten und es ist deine Aufgabe authentisch zu bleiben! Nicht für andere, sondern für dich selbst. Nur so kannst du die verborgenen Wahrheiten und selbstgemachten Lügen deiner Persönlichkeit, voneinander unterscheiden. Sei dir deiner Stärken bewusst und stehe zu deinen Schwächen. Scheiße stinkt, auch wenn man sie mit Goldlack ansprüht.

Die Sache mit dem Loslassen ...

In die Türschwelle unserer Komfortzone ist das Wort *Loslassen* eingraviert. Alles was du weißt und verstanden hast, ist nutzlos, solange du es nicht wagst diese magische Grenze zu passieren. Gewohnheiten sind kraftvolle Ketten, die uns an das Vertraute binden und mit einer beinahe unwiderstehlichen Anziehungskraft vom Loslassen abhalten. Pläne und Wünsche zerschellen an diesen Produkten der Vergangenheit. Sie machen das Leben zwar leicht, stehen unserem Fortschritt aber irgendwann im Weg.

Um eine Zukunft zu erschaffen, die unseren Träumen gerecht wird, müssen wir mutig sein und uns von diesen geliebten Fesseln lösen. Hinter dir liegt die Vergangenheit, vor dir dein Leben. Du weißt du musst loslassen, du willst loslassen, doch du zögerst. Du hast Angst aus dem Schutz deiner Komfortzone in den Nebel der Unsicherheit zu treten, der sich bedrohlich zwischen dir und deinen Zielen aufbaut. Gewohnte Pfade sind gut ausgeleuchtet, neue Wege liegen im Dunkeln.

Klingt beängstigend? Wie so oft ist es nur eine Frage der Perspektive. Rollen wir das Ganze einmal von hinten auf.

Du lässt los, du bist frei. Richtig? Wir haben Platz in unseren Köpfen, Herzen und Leben geschaffen, doch was folgt fühlt sich nicht nach Freiheit an, sondern nach Entzug. Dort wo ehemals Gewohnheiten unsere Zeit und Aufmerksamkeit für sich missbraucht haben, klafft nun ein Loch. Ein Vakuum, das alles ergreift was es in die Finger bekommt. Sobald du in einem Anflug von Hektik einmal ohne Smartphone das Haus verlassen hast und in Folge dessen permanent in eine leere Hosentasche greifst, kennst du dieses Gefühl. Diesen immer wiederkehrenden Moment der Ernüchterung. Haben wir nichts zur Hand, womit sich die Leere konstruktiv füllen lässt, kommen wir ganz schnell auf dumme Ideen. Das gilt sowohl für das Smartphone, als auch für unsere Gewohnheiten.

Wer sich schlagartig vom Altbekannten trennt, die Ketten der Gewohnheit kappt und versucht das Leben von einem Moment auf den anderen komplett umzukrempeln, steht plötzlich unvorbereitet der großen Leere gegenüber. Was als Befreiungsschlag gedacht war, gleicht eher einem kalten Entzug. Angsteinflößend, schmerzhaft und nicht selten landet man wieder genau dort, wo man angefangen hat. Kann funktionieren, geht meistens jedoch nach hinten los.

Es gibt Situationen in denen uns nichts anderes übrig bleibt, als die metaphorische Hand zu öffnen und all den alten Ballast auf einmal fallen zu lassen. Ein Sprung ins eiskalte Wasser, bevor die Flammen dich zu Asche verbrennen. Die Diagnose Lungenkrebs macht einen Raucher, der Zeit seines Lebens nicht mit der Sucht brechen konnte, von heute auf morgen zum Gesundheitsfanatiker. Gewohnheiten verlieren viel Macht, wenn es heißt *do or die*. Wollen wir etwas ändern, haben wir in den meisten Fällen jedoch genug Zeit, um unsere Schritte sorgfältig zu planen. Die Kunst des Loslassens liegt darin, die Hand achtsam zu öffnen. Einen Finger nach dem Anderen. Wir ersetzen das Alte stückweise mit Neuem. Wir vermeiden die große Leere und beugen dadurch dem Rückfall vor. Das anfängliche Gefühl der Unsicherheit lässt sich auch dadurch nicht gänzlich ausradieren, aber wir können es als Teil des Weges, als Teil unseres Plans, einkalkulieren und ihm dadurch viel von seiner Bedrohlichkeit nehmen.

Bei der psychologischen Aufarbeitung von Traumata und destruktiven Verhaltensmustern werden Patienten darauf hingewiesen, dass sich ihr Wohlbefinden erst einmal verschlechtern kann, bevor es besser wird. Das Brechen mit alten Gewohnheiten und die Konfrontation mit der eigenen Dunkelheit, folgen demselben Prinzip. Verlässt du deine Komfortzone, begegnen dir zunächst viele unangenehme Gefühle, die dein Heilen und Wachsen begleiten.

Um eine alte Gewohnheit zu verändern, die du mit viel Zeit und Energie in deine Persönlichkeit zementiert hast, braucht es Zeit und viel Aufmerksamkeit. Der Übergang vom Alten zum Neuen, gestaltet sich aber deutlich angenehmer, wenn du die Früchte deines neuen Verhaltens von Anfang an kosten kannst. Keine bloße Ersatzbefriedigung, sondern ein Vorgeschmack auf dein zukünftiges Ich, mit dem du die entstehende Leere füllst. Bevor du loslässt oder die Abrissbirne durch dein Leben schwingen lässt, solltest du dir also erst einmal klar werden, was an die Stelle deiner alten Gewohnheiten treten soll. Die Sache mit dem Ego will uns weiß machen, dass wir keinen Ersatz brauchen. Dass wir genug Willenskraft besitzen, um die schnelle Lösung, den kalten Entzug, zu schaffen. Von heute auf Morgen, ohne Plan, ohne Alternative. Dahinter verbirgt sich der Trugschluss zu glauben, dass dies der schnellste und effektivste Weg wäre. In Wirklichkeit stellen wir uns damit jedoch nur selbst ein Bein, während unsere übermächtigen Gewohnheiten uns hämisch auslachen. Wenn du wirklich Willenskraft besitzt, dann zeig Tag für Tag, Woche für Woche, dass du dich selber unter Kontrolle hast. Das du der Versuchung widerstehen und dich mit kleinen Schritten begnügen kannst. Das ist beeindruckend! Das ist Disziplin und ein Zeichen von wahrer Weisheit. Fang an das Gelernte zu leben und Taten sprechen zu lassen.

Du willst weniger Alkohol trinken? Dann fang an nur noch viermal die Woche ins Glas zu schauen und kauf dir stattdessen ein paar exotische Getränke oder was der Mensch, der du sein möchtest, halt so trinkt. Dann nur noch dreimal die Woche Alkohol, zweimal und so weiter. Wer versucht von viermal direkt auf null zu reduzieren, der läuft große Gefahr sich damit selbst zu schaden und nach kurzer Zeit wieder vier- oder sogar fünfmal die Woche zur Flasche zu greifen. Erfolgreiches Loslassen geschieht Schritt für Schritt. Weniger Wein, mehr Wasser. Tag für Tag. Das Prinzip gilt für jeden außer Jesus. Wasser zu Wein machen ist unfair.

Neu, oder besser bedeutet jedoch nicht, dass du eins zu eins ersetzen musst, was du abgegeben hast. Dinge und Gewohnheiten, die viel Zeit, Geld und Energie gebunden haben, können auch durch etwas Kleineres, Einfacheres ersetzt werden. Du bist zu dem Schluss gekommen das alte Sofa muss raus? Wunderbar, weg damit! Es ist unbequem und nimmt einfach zu viel Platz in Anspruch. Wenn du jetzt aber ein Neues, mit den gleichen Abmessungen kaufst, fühlt sich das zwar erst einmal toll und aufregend an, doch deine Wohnung ist immer noch genauso vollgestellt wie vorher! Reicht nicht vielleicht auch ein kleineres Modell? Oder zwei Sessel? Niemand verlangt von dir auf dem Boden zu sitzen (kalter Entzug), aber wenn du weißt was du wirklich brauchst, fühlt sich der gewonnene Platz vielleicht nicht an wie Leere, sondern wie Luxus. Mit Gewohnheiten ist es genauso. Alles was du an belastendem Verhalten einsparen kannst und nicht in gleichem Ausmaß ersetzt, bekommst du in Zeit und Energie gutgeschrieben. Ein bisschen mehr Zeit auf der hohen Kante, ein bisschen mehr Flexibilität im Alltag. Das ist wahrer Wohlstand, der letzten Endes auch zu einem Gefühl von Freiheit führt. Freiheit, frei von Entzugserscheinungen.

Im Loslassen kommt alles zusammen was du bisher gelernt hast. Deine Definition von Erfolg ist wichtig um zu wissen was du wirklich vom Leben willst, was dir auf dem Weg zum Glück nützt und schadet. Um das Alte erfolgreich Loslassen zu können, machst du Belohnungen ausfindig, mit denen du die entstehende in deiner Komfortzone Leere füllst. Diese Belohnungen sind der Grundstein für die Etablierung neuerer, besserer Verhaltensmuster. Du musst sie deshalb aus deinen Zielen ableiten, um nicht eine schlechte Gewohnheit durch eine andere zu ersetzen. Wie genau diese Grundsteine aussehen, kannst nur du selbst herausfinden. Die Sache mit der Selbstfindung wird dir dabei unterstützend zur Seite stehen. Schaffst du es mit Achtsamkeit die Ablenkungen zu reduzieren, die tagtäglich um deine Aufmerksamkeit buhlen, wird es dir leicht fallen die passenden Antworten auf deine Fragen zu finden. Sei dir bei alle dem klar darüber, dass dies kein Kampf ist. Kein »Du vs. Du« bei dem es nur einen Gewinner gibt, sondern eine Kooperation *Du mit Dir*. Ihr gewinnt und verliert als Team. Philosophie hilft dir dabei auf diesem Weg nicht den Mut zu verlieren, wenn Rückschläge dich aus der Bahn werfen und du zeitweise nicht mehr weißt wo vorne und hinten ist. Nicht jeder Tag wird nach Plan laufen, aber mit der richtigen Perspektive findest du garantiert immer etwas Positives und lernst aus deinen Fehlern. Mit Hilfe von ein wenig Disziplin kommst du in Fahrt und kultivierst deine neuen Verhaltensmuster, bis sie als Gewohnheiten in Fleisch und Blut übergehen. Wenn du es wirklich willst, gibt es auf dem Weg zu deinem Erfolg nichts was dich aufhalten kann. Sogar dein mächtigster Feind, dein Ego, ist in Wahrheit ein starker Verbündeter. Es will dir, auf seine manchmal laute und selbstgefällige Art, letzten Endes nur helfen. Nimm es an die Hand und schenk ihm hin und wieder ein bisschen Aufmerksamkeit, dann bleibt es zahm und freundlich. So schaffst du es seiner Panikmache Einhalt zu gebieten und ganz behutsam dem Sinn deines Lebens näher zu kommen.

Die Sache mit dem Sinn des Lebens ...

Dieses Kapitel könnte ebenso gut den Titel »Die Sache mit den Perspektiven« tragen. Den Sinn des Lebens zu ergründen würde voraussetzen, das Leben auch in all seinen Facetten in die Frage miteinfließen zu lassen und jede nur erdenkliche Perspektive zu berücksichtigen. Das Leben wahrzunehmen, es einzuordnen und ihm einen tieferen Sinn abzugewinnen, ist eine kontextabhängige Angelegenheit. Eine Frage der Perspektive. Da sich das Universum, die Welt und das Leben in seiner kompletten Fülle unserer menschlichen Wahrnehmung in vielerlei Hinsicht entzieht, können wir den Sinn dahinter nur im Bereich unserer eigenen Möglichkeiten hinterfragen und verstehen. Je nachdem, ob man die Frage aller Fragen aus einer theologischen oder naturwissenschaftlichen Ausgangsituation heraus zu beantworten versucht, ergeben sich unterschiedliche Antworten, die jedoch immer eines gemeinsam haben. Sie sind limitiert durch denjenigen, der die Fragen stellt.

Wenn du im Urlaub nach Amerika reist und dich bei einem Texaner danach erkundigst, wo die nächste Apotheke zu finden ist, wird der Einheimische dir eine Antwort geben, die du vielleicht nicht verstehst. Die erste Voraussetzung ist, dass du Englisch sprechen kannst und seine Antwort im Kontext der Sprache überhaupt verstehst. Da du auf ihn zugegangen bist und in der Lage warst die Frage zu stellen, ist diese erste Voraussetzung schon einmal erfüllt. Die zweite Voraussetzung ist ein gemeinsames Verständnis für den Begriff »Apotheke«. Nur wenn ihr beide wisst was damit gemeint ist, kann der Amerikaner dir auch eine sinnhafte Antwort geben, die dem Inhalt deiner Frage gerecht wird. Eine weitere Voraussetzung ist eine gemeinsame Kenntnis von Richtungen und Entfernungen. Hier wird es schon schwieriger, denn während du als Fragesteller vermutlich in Kilometern und Straßen denkst, wird dein Antwortgeber seine Botschaft in Meilen und Blocks ausdrücken. Nur wenn es im Bereich deiner Möglichkeiten liegt, seine Informationen zu verarbeiten und ihnen einen Sinn abzugewinnen, kann seine Antwort auch den Nutzen liefern, den du dir erhofft hast.

Mit der Frage nach dem Sinn des Lebens verhält es sich sehr ähnlich. Sie ist abhängig davon wer sie stellt, wie man sie stellt, wem man sie stellt und ob man in der Lage ist die Antwort mit dem eigenen Verstand in etwas Nützliches zu übersetzen. Da wir selbst, als Fragensteller, das Leben nur mit Hilfe unserer menschlichen Sinne und unseres eigenen Verstandes wahrnehmen können, müssen wir auch die Frage nach dem Leben und seinem Sinn so stellen, dass die Antwort für uns persönlich erfahrbar wird.

Die Sache mit dem Sinn des Lebens ist folgende …

Dieses Buch erhebt nicht den Anspruch darauf, ultimative Wahrheiten auf die großen Fragen des Lebens parat zu haben. Es geht in diesem Kapitel auch nicht darum, den Sinn des Lebens zu finden, geschweige denn ihn zu verstehen. Es geht darum, die Sache mit dem Sinn des Lebens aus einer Perspektive zu betrachten, die dir dabei hilft dem Sinn deines Lebens ein Stück näher zu kommen. Was uns interessiert ist nicht die eine große Wahrheit, die vielleicht irgendwo in den Windungen des Kosmos zu finden ist. Was uns interessiert bist du.

Achtsamkeit, Philosophie, Erfolg, Ego und all die Sachen, mit denen wir uns im Laufe dieses Buchs bisher beschäftigt haben, dienen nur einem Zweck. Nutzen stiften. Wenn Informationen, Wahrheit und Wissen keine Anwendung finden, sind sie nichts weiter als ein wenig Tinte auf dem Papier. Ob es den einen Sinn gibt und wie er ausschaut, ist für dich wenig wichtig. Was letztlich zählt ist, welchen Sinn du für dein Leben erkennst und was du für dein Denken und Handeln daraus ableitest.

Je nachdem, ob man die Frage aller Fragen theologisch oder naturwissenschaftlich interpretiert, ergeben sich ein paar mehr oder weniger nützliche Antworten. Die wohl Einfachste, wenngleich auch etwas Unattraktive, lautet: Essen, überleben, fortpflanzen, wobei ersteres letztlich auch nur dem Zweck des Überlebens dient. Über die genaue Formulierung lässt sich streiten, aber es läuft darauf hinaus, lange genug am Leben zu bleiben, bis man die eigenen Gene erfolgreich weitergegeben hat. Erst einmal den Fortbestand der eigenen Art sichern. Der Rest kann warten. Sinn des (Über)lebens ist schlicht und einfach die Erhaltung des Lebens. Im Tierreich dreht es sich Tag ein, Tag aus, um nichts anderes und ob es uns gefällt oder nicht, auch wir Homo Sapiens sind da keine Ausnahme. Unsere primitivsten Instinkte sollen sicherstellen, dass wir nicht versehentlich den Löffel abgeben, genug fressen und viel vögeln. Man könnte zusammenfassen, dass dies der Sinn des Lebens in pragmatischer Reinform ist. Die Dreifaltigkeit des Seins. Doch wie gesagt ist diese biologische Betrachtung nur eine von vielen möglichen Perspektiven, die man zur Beantwortung der Frage heranziehen kann.

Die Möglichkeit, eine Sache aus vielen verschiedenen Blickwinkeln zu betrachten, ist Fluch und Segen unseres Daseins als menschliche Wesen. Dank ihr können wir unglaubliches vollbringen und die Welt nach unseren Vorstellungen gestalten. Gleichzeitig leiden wir aber oft auch darunter, dass es die Evolution bei unserer Spezies mit dem Gehirnwachstum so dermaßen übertrieben hat. Die ganze Brainpower, die uns den Weg an die Spitze der Nahrungskette geebnet hat, ist gleichzeitig Ursache vieler Fragen und Probleme, die nur in unserem Verstand existieren. Dennoch führen sie zu echtem spürbaren Leid. Über sich selbst nachdenken zu können und den Sinn der Existenz aus verschiedensten Positionen heraus zu hinterfragen, ist, soweit wir wissen, eine Fähigkeit die im Tierreich so kein zweites Mal vorkommt. In Anbetracht unserer biologischen Pflichterfüllung, scheinen wir mit diesem mentalen Waffenarsenal mittlerweile weit über das Ziel hinauszuschießen. Auch in hinsichtlich der Tatsache, dass die Kommandozentrale zwischen unseren Ohren ein riesiger Energiefresser ist, erscheint dieser Schachzug von Mutter Natur geradezu unsinnig. Ein kleineres, sparsameres Gehirn, ist in Zeiten von Nahrungsknappheit schließlich ein echter Überlebensvorteil. Für den Homo Sapiens hat sich der Deal jedoch bezahlt gemacht. Hohe Intelligenz scheint im Hinblick auf die uns bekannte Flora und Fauna eine Investition mit Erfolgsgarantie zu sein. Wie wir, und unsere grauen Zellen, zu dem wurden was wir sind, ist eine hoch interessante Frage und zentrales Objekt zahlreicher Forschungsarbeiten. Für dein eigenes Leben ist es jedoch viel wichtiger, wie du dein Riesenhirn einsetzt und nicht wo du es her hast. Im Kapitel über die Philosophie haben wir ausführlich darüber philosophiert, dass man in der Schule mit viel Wissen geschwängert wird, das schnell wieder verpufft, oder im Laufe des Lebens keine Anwendung findet. Was nützt dir Allgemein- und Fachwissen, wenn du es nicht schaffst deine eigenen Gedanken und Gefühle auf die Reihe zu bekommen?

Was nützt es dir den Sinn des Lebens zu kennen, wenn du dein eigenes Leben nicht sinnvoll nutzt? Bevor du dich fragst wo das Leben in seiner Gänze herkommt und hinwill, solltest du erst einmal herausfinden, wo du mit deinem eigenen Leben hinwillst.

Die Gedanken, die uns unglücklich machen und letztlich zu den Glaubenskrisen führen, die wir alle im Leben von Zeit zu Zeit durchmachen, sind genauso ein Produkt unseres Riesenhirns, wie all die genialen Ideen von Einstein, Newton und Co. Menschen sind unfassbar genial! Es gelingt uns komplexe Zusammenhänge herzustellen, logische Schlussfolgerungen zu ziehen und daraus praktische Vorteile für unser Leben zu generieren. Gleichzeitig sind wird manchmal jedoch auch furchtbar schlecht darin, die einfachsten Dinge klar zu erkennen, die direkt vor unserer Nase passieren. Wir scheitern daran unsere Prioritäten unter nachhaltigen Gesichtspunkten zu setzen, weil wir im Kern unserer menschlichen Natur auch nichts anderes sind als instinktgetriebene Tiere, die möglichst schnell, möglichst glücklich werden wollen. Wir denken, wir könnten unser Gehirn im Alltag dazu benutzen, um unser Gehirn auszutricksen. Auf Biegen und Brechen wollen wir so unsere uralte Programmierung mit purer Willenskraft überwinden und so ein neues, besseres Leben erzwingen. Der Gedanke, man könnte Gewohnheiten von einem Tag auf den anderen über den Haufen werfen, ist eine der beliebtesten und gleichzeitig traurigsten Märchengeschichten der Menschheit.

»Ab morgen, werde ich …!« sagte das Ego.

Unsere Fähigkeit zum ausufernden Nachdenken, Fantasieren und Pläne schmieden, lässt uns den Blick für das Wesentliche im Leben manchmal verlieren. All unsere Vorsätze und

Ideen ergeben in Kombination mit unseren animalischen Wurzeln einen stetig brodelnden inneren Konflikt, der uns den Verstand vernebelt und ihn mit rastlosen Selbstzweifeln überhäuft. Intelligenz ist ein evolutionärer Vorteil, doch damit noch lange keine Garantie für Glück. Die Frage liegt nahe, ob Tiere, die einfach nur ihren Instinkten folgen, nicht viel glücklicher sind, als der Mensch mit all seinen Fragen und schlauen Problemen. Stellen wir uns zum Beispiel einen Maulwurf vor, der fleißig Tunnel gräbt, Regenwürmer frisst und gelegentlich eine Maulwurf-Dame beglückt. Es entzieht sich unserer menschlichen Wahrnehmung, das Leben und die Welt durch die Augen und mit den Gefühlen eines Maulwurfs wahrzunehmen. Dennoch liegt die Vermutung nahe, dass ein Maulwurf, der gerade an einem Seitenarm seines Gangsystems arbeitet, nicht plötzlich inne hält und sich denkt: »Moment Mal, was soll das überhaupt? Es muss doch noch mehr geben, als Tunnel, Regenwürmer und Sex. Was mach ich aus meinem Leben und was kommt danach?«

Das klingt bescheuert, nicht wahr? Wir Menschen tun aber genau das und wundern uns dann warum wir unglücklich sind. Der Maulwurf ist einfach im Hier und Jetzt, macht sein Ding und folgt vertrauensvoll seinen Gewohnheiten. Der innere Konflikt zwischen Verstand und Trieben, der uns Menschen oftmals so zerreißt, findet bei unserem kleinen Höhlenbuddler wahrscheinlich kaum statt. Seine Instinkte sind das Maß aller Dinge und ein Hinterfragen, dieser von der Natur auferlegten Werteordnung, gibt es nicht. Keine Fragen. Keine Antworten. Der Maulwurf ist im Flow, bis er irgendwann ins Gras beißt. Von unten.

Die großen Weltreligionen und Lebensphilosophien versuchen nichts anderes, als die Suppe auszulöffeln, die uns die

Evolution eingebrockt hat. Sie wollen die Fragen beantworten, die sich der Mensch über sich selbst stellt, weil er sie sich stellen kann. Ihre Antworten dienen dazu uns den inneren Frieden zurückzugeben, den unser mutiertes Riesenhirn mit seiner Fähigkeit zur Selbstreflexion, uns geraubt hat. Immer wieder stößt man in den verschiedenen Kulturkreisen und Glaubensgemeinschaften dabei auf ein zentrales Thema. Lebe im Hier und Jetzt. Die Zukunft ist ungewiss und die Vergangenheit unwiederbringlich vorbei. Was kommt liegt in Gottes Hand, oder ist durch eine andere höhere Instanz vorbestimmt. Unsere Aufgabe ist es dem großen Plan zu vertrauen und ihm optimistisch entgegenzutreten. Seine Sinnhaftigkeit sorgenvoll zu hinterfragen hat keinen Mehrwert, da seine Intention und Wege, unseren menschlichen Verstand übersteigen. Nur die Gegenwart gehört wirklich uns. Sie dankbar anzunehmen und konstruktiv zum Wohle aller zu nutzen, ist unsere einzige Möglichkeit Erfüllung und Frieden zu finden. Verschiedene Propheten und Gelehrte, die uns aus verschiedenen Perspektiven, die Sache mit der Achtsamkeit ans Herz legen.

Im Buddhismus ist die Entwicklung von Achtsamkeit ein zentrales Thema und steht im Mittelpunkt der Lebenspraxis. Mit den Gedanken weder Zukunft noch Vergangenheit umwühlen, sondern in der Gegenwart zur Ruhe kommen. Wer das schafft ist der Erleuchtung schon einen großen Schritt näher. Jetzt rate mal wer das ganz instinktiv und ohne Probleme schafft. Richtig, der Maulwurf! Unser kleiner Insektenfresser kümmert sich um das Wesentliche. Essen, überleben, fortpflanzen. Er hat weder Zeit noch Interesse daran, sich über andere Dinge seinen spitzen haarigen Kopf zu zerbrechen. Der Maulwurf lernt aus seiner Vergangenheit, indem er die Verhaltensmuster beibehält, die sich schon einmal als nützlich erwiesen haben und versucht Fehler nicht zu wiederholen. Er passt sich an sein Umfeld und seine Lebensumstände an und befreit seine Tunnel von unnötigem Ballast. Die Sachen mit den Gewohnheiten, dem Erfolg und der Achtsamkeit liegen ihm im Blut. Da können wir Sinnsuchende an der Spitze der Nahrungskette, noch viel vom Pragmatismus des Maulwurfs lernen. Die Zukunft ist für den kleinen Säuger ebenfalls nur im Kontext von Essen, Überleben und Fortpflanzung interessant. Er »plant« seine Handlungen so, dass er zukünftig diese Bedürfnisse erfüllen kann. Der Rest? Welcher Rest?

Es entsteht langsam der Eindruck, als hätte uns die Evolution mit diesem Riesenhirn in Sachen Glück keinen Gefallen getan. Immer weniger Menschen müssen sich über Essen, Überleben und Fortpflanzung tagtäglich den Kopf zerbrechen. Zumindest nicht auf einer existentiellen Ebene. Für große Teile der Weltbevölkerung ist Nahrungsknappheit zwar auch heute noch ein akutes Problem und wir sind noch weit davon entfernt, dass kein Mensch mehr an Hunger leiden oder sterben muss. Im Vergleich zum Rest der Menschheitsgeschichte, leben jedoch so viele Menschen wie nie zuvor in relativ sicheren Verhältnissen. Auch kriegerische Auseinandersetzungen sind auf einem historischen Tiefstand. Die mediale Berichterstattung zeichnet ein anderes Bild, doch ganz objektiv war es noch nie so leicht das eigene Überleben zu sichern, wie im 21.Jahrhundert. Die Bewusstheit für unseren relativen Luxus rückt mit zunehmendem Wohlstand jedoch immer mehr in den Hintergrund. Wir gewöhnen uns an alles, im Guten wie im Schlechten. Was übrig bleibt ist ein großer Affe, mit einem riesigen Gehirn und zu viel Zeit für die unwesentlichen Dinge des Lebens. Wir haben diese riesige mentale Kapazität, die irgendwie genutzt und beschäftigt werden will. Wenn das Überleben sichergestellt wurde, fragen wir uns dann eben was die Sache mit dem Überleben überhaupt soll. Das führt uns zwangsläufig zu all diesen anderen Fragen und Dingen, über die wir uns den Kopf zerbrechen. Menschen, die tatsächlich noch ums Überleben kämpfen, oder nicht wissen wo sie ihre nächste Mahlzeit herbekommen sollen, interessieren sich in der Regel herzlich wenig für den Sinn des Lebens. Die Evolution hat unsere Prioritäten dahingehend ganz klar verteilt. Erstmal den Tag überstehen, danach schauen wir weiter ob es sich noch lohnt Fragen zu stellen. Alles was über unsere Grundbedürfnisse hinausgeht ist in gewisser Weiße also einfach Beschäftigungstherapie für unser ansonsten nicht ausgelastetes Gehirn. Maulwurf müsste man sein.

Die Tatsache, dass wir uns die Frage nach dem Sinn des Lebens überhaupt stellen, ist ein Zeugnis dafür, in welch großartigen Lebensumständen wir uns eigentlich befinden. Wenn du dich das nächste Mal fragst, was das alles soll und wo das alles hinführt, wäre es angebracht kurz durchzuatmen und dir bewusst zu werden, dass du den Auftrag der Evolution bisher gut gemeistert hast. Nicht tot, Magen voll. Die Sache mit der Fortpflanzung ist ein Thema für ein anders Buch, aber du verstehst worauf es hinausläuft.

Wenn das Überleben zum Selbstläufer wird, macht uns ein voller Kühlschrank dauerhaft jedoch nicht mehr glücklich. Die Wahrscheinlichkeit zu verhungern ist für dich, der dies es Buch in der Hand hält, höchstwahrscheinlich sehr gering. Doch wenn das letzte Stück Schokolade vom Mitbewohner vernichtet wurde, reagieren wir so, als wäre die Ernte für das ganze nächste Jahr ausgefallen. Wohlstand, eine Frage der Perspektive.

Sich der eigenen Perspektive bewusst zu werden und sie zielgerichtet zu verändern, ist die eine Möglichkeit unsere überflüssige mentale Kapazität sinnvoll zu nutzen, die sich ansonsten nur gelangweilt mit »dummer« Fragerei beschäftigt. Man muss den eigenen Wohlstand erst einmal als solchen erkennen, bevor man ihn wertschätzen und genießen kann. Der Weg zu dieser Erkenntnis führt über Achtsamkeit und Konzentration. Schaffst du es deine Aufmerksamkeit auf das Hier und Jetzt zu fokussieren, wird alles andere uninteressant. Dann siehst du endlich das ganze Essen in deinem Kühlschrank und nicht nur die Schokolade, die nicht da ist. Driftest du jedoch in Zukunft und Vergangenheit ab, führt das wieder zu Fragen und Nöten, die eigentlich gar nicht da sind. Der Strudel aus Zielen, Problemen, Erfolgen, neuen Zielen, neuen Problemen und so weiter beginnt von vorne. Wer keine existentiellen Probleme hat, der macht sich eben selber welche. Surreale Nöte, die sich erschreckend real anfühlen.

Der Sinn des Lebens ist es einfach am Leben zu sein. Alles was darüber hinausgeht ist eine selbstgemachte Verkomplizierung, einer eigentlich recht simplen Frage. Vielleicht macht diese Sache mit der Achtsamkeit, die Frage nach dem Sinn des Lebens also überflüssig, oder zumindest besser erträglich.

»This is the real secret of life – to be completely engaged with what you are doing in the here and now. And instead of calling it work, realize it is play.«

– Alan Watts

Oder anders ausgedrückt:

»Graben, graben, graben, essen, essen, essen, …«

– Maulwurf

Im Laufe dieses Kapitels sind wir dem Sinn des Lebens eigentlich kein Stück näher gekommen. Du hast lediglich einen Weg kennengelernt, wie sich die Tatsache umschiffen lässt, dass die biologische Antwort ziemlich ernüchternd und irgendwie unbefriedigend ist. Wer sich die Frage stellt, muss die Frage lieben lernen. Wichtig ist nur, dass du nicht vergisst wo du stehst, wenn du deine Fragen stellst. Besinne dich immer wieder auf das Wesentliche und sei dankbar dafür, dass du überhaupt Fragen stellen kannst. Trainiere deine Achtsamkeit und du wirst ein Zuhause im Hier und Jetzt finden. Ein Rückzugsort der Besinnlichkeit, den du immer dann aufsuchen kannst, wenn Zukunft und Vergangenheit an dir zerren. So schaffst du es die wichtigen Fragen von unnötigem Drama zu unterscheiden.

Achtsamkeit bringt uns vielleicht nicht allen Antworten näher, doch sie lässt uns viele Fragen allmählich vergessen.

Danksagung

Vielen Dank an all die Menschen, die mich dabei unterstütz haben, diese *Sache* aufs Papier und raus in die Welt zu bringen.

Erna, die mir beim Schreiben immer den Rücken frei hielt und mich mit ihren lauten Stimmungsschwankungen gelegentlich zurück in die Realität zerrte. Ohne dich hätte mich dieses Buch verschlungen. Danke fürs Aufpassen!

Esther! Mit deinem Humor hast du den Alltag oft aufgehellt und auch meine Kreativität regelmäßig beflügelt. Danke für deine Unterstützung bei diesem Projekt und dein stets offenes Ohr.

Danke Dave! Jeder Mensch sollte einen Freund wie dich haben. Der fließende Übergang von tiefsinnigen Debatten, zu dumpfen Schenkelklopfern, ist mit dir ein Kinderspiel.

Seppl und Lisa! Die Zeit mit euch ist immer viel zu kurz und dennoch *episch*. Ihr habt eure Wurzeln in meinem Leben geschlagen und mein Denken mehr geprägt, als irgendein Buch es jemals könnte.

Danke an meine Eltern! Bei jedem Umweg, den ich im Leben machen wollte, standet ihr hinter mir. Ihr habt mir beigebracht, wie sich Freiheit anfühlt.